香水的历史

HISTORY OF PERFUME

雷凤颖◎编著

哈尔滨出版社
HARBIN PUBLISHING HOUSE

目录

香水的历史 HISTORY OF PERFUME

23款世界经典香水

PERFUME

目录

香水的历史
HISTORY OF PERFUME
23款世界经典香水

PERFUME

PERFUME

香水

往事只堪回味

香水谜惑人类的历史，在欧洲也只不过近 100 年的时间，但香水却以它的独特魅力见证着年代的起落兴衰，当我们回顾这段历史时，不禁再次徘徊于现实与虚幻之间。

声音刻在唱片上，无数个同心圆旋转起来，过往的时光就逆着轨道扑面而来，无处可逃；表情留在相册里，展开来是旧日的时光，笑容在记忆的风里展现，阳光下淡然的笑靥，也有着不经意的动人。气味呢？消散在白日里，随着露珠身形无踪；飘荡在夜风中，衣襟游移间了然无痕。所以，有了香水，就有了令人蚀骨的浪漫和悯恤万物的慈悲。密封在瓶中的香味，藏着曾经的夏花绚烂，青草空翠；年华的金粉金沙，自风尘里头，从容泻下；咽咽的细语，道尽余味袅袅的风流和郁结在岁月里的忧伤怅然。兀自前行，远离人群的是另类；喧嚣一时，终又散逸的是浮华；真正的时尚则不是。

假如没有香水，我们每天的生活就会失去很多情趣。有些人可能会对香水不以为然，甚至嗤之以鼻，但是这些人除了遵循生活的教条外，不懂得生活本身的美好也许来源于对香水的关注和使用。今天，我们不能拒绝香水，是因为香水给我们制造了一条审美文化的标准——香水已经成为一种带有历史意味的消费文化。当我们试图用如同香水一样飘逸的文笔来描述

香水文化时，始终感觉到我们正在呼吸着香水的芬芳，仿佛快乐的时光激荡着我们的身心。的确，香水是柔媚的，它过于柔情，过于细腻，而且以一种特有的热情包裹着我们的生活，给我们创造出许多香飘四溢的感觉和故事。每一个关于香水的感觉和故事都是香甜的，都可以使人们在十足的体验中找到文化的韵味。

传说在很久很久以前，爱神阿佛洛狄忒的手指被玫瑰刺伤，她流出来的鲜血发出芬芳的香味。这个美丽的传说注定香水从一开始就与浪漫结下了不解之缘。“一个没有味道的人是没有将来的。”香奈尔说。70多年前，这位时装界传奇人物的一个小小冲动，不但使香奈尔5号成为香水界在香料合成上的一次大突破，而且，由法国明星卡洛尔·布歇尔演绎的“女人香”也一度风靡全球，连性感尤物玛丽莲·梦露也对之爱不释手。其实，不仅仅是香奈尔5号，娇兰诞生于1925年的“一千零一夜”，这个被喻为“疯狂年代的代表作”的香水，以印度皇帝为爱妃所建的花园命名，它那动人的传说和感性的氛围令使用它的女人如置身于森严禁地的边缘，神秘为冲动所打破，使这款东方情调的香水攀上畅销榜的顶峰，引领风骚。还有“快乐”，世上最昂贵的香水之一，用一万零六百朵茉莉及48打玫瑰才制成一安士的“快乐”，它带给人们的除了欢欣、愉悦，还有高贵和典雅。这是目前法国三种最具代表性的香水，它们在某种程度上也体现了香水的魅力所在：为浪漫增添色彩，为爱情营造情调，为平凡赋予传奇。

PERFUME

雕刻花样年华

有人类的地方一定有香气，香味就像美丽的花朵或是可口的佳肴一样，当你闻到一种令人心旷神怡的迷人香味时，总是久久不能忘怀。纵然张眼不见，但仍似无所不在，令人魂牵梦萦。

从文化的意味上讲，香水的发展过程无时无刻不体现着人类文化生活和文化追求的痕迹。在我们追忆香水的发展历程时，不由得为这样一种人类不断完善自我、追求自身完美的文化态度而深深折服，为这股体现人类文化生活和文化追求的香味而深深陶醉。

人类认识和使用香水有着非常久远的历史。香水的英文“Perfume”源自拉丁文“Parfumare”，意思是“穿透烟雾”，其实，香水所穿透的岂止是烟雾，它甚至穿透了历史和岁月。早在公元前1500年，埃及艳后克娄巴特拉七世就已经开始用15种不同气味的香水洗澡了。在她的时代，在公共场所不涂香水是违法的。但欧洲香水业的第一步实际上是从16世纪开始迈出的，那时凯瑟琳·德梅迪茜从意大利来到巴黎，将要和法国国王结婚，凭借着自己的高贵身份，她把香水变成了巴黎城中的时髦物品，突然所有人都钟情于用洒了香水的皮革来做手套。当时的人们认为香水是格拉斯的最好，这个法国城市也因香水贸易而繁荣起来，并且适时地发展出了它的香水工业，成功地确立了作为世界香水之都的地位。17世纪，路易十四时代是法国香水与香料产业的巅峰期，这个时代的巴黎设施非常落后，没有上下水道的设施，人们也没有沐浴的习惯，而庭院的角落通常就是方便的场所。贵妇们就用香味来掩饰自己身上的恶臭，也用香水消除皮带、手提袋这些皮革制品的臭味。到了18世纪，移居德国科隆的意大利人法理那，他所制造的“科隆之水”（古

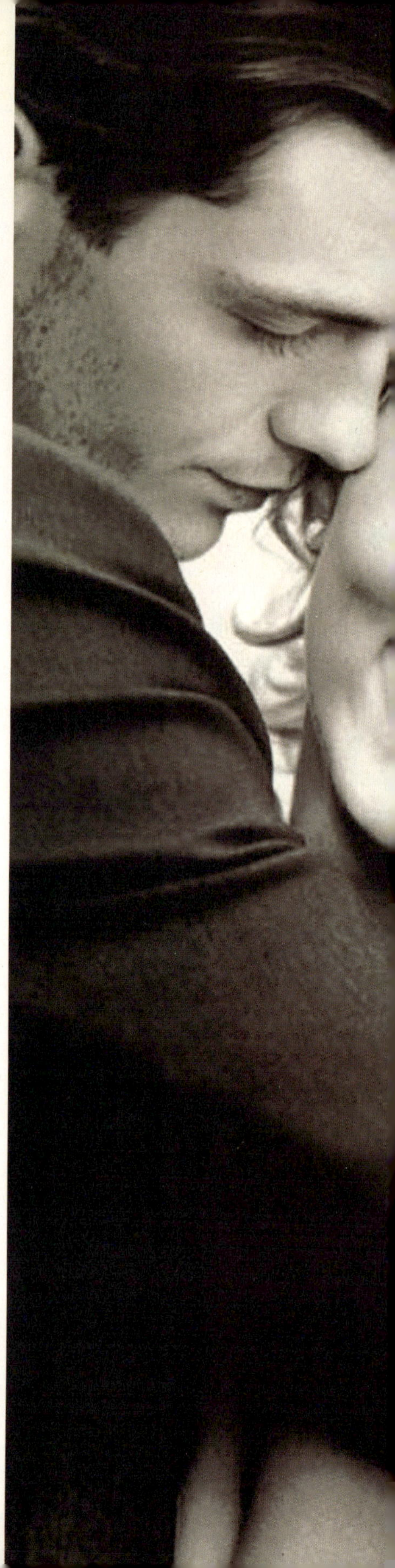

龙水）一时席卷了整个欧洲，彻底改变了人们的生活。

虽然人类使用香水的历史长达数千年，但这种历史基本是由贵族和富人们垄断了的。拿破仑征战期间，一天用掉 12 公斤“法高纳尔”香水；古埃及君王用香水浸泡自己的战船；路易十五将皇宫搞成香气四溢的“香水之宫”。这些都不足以表明香水的普及性，从某种意义上讲，这些富人和权贵对香水近乎疯狂的奢侈消费直接将香水推向了它的反面。香水真正开始造福全人类是在第一次世界大战之后。因为战争的关系，女性人口比男性人口高出许多，女性消费也第一次冲破男权社会。因为有了市场，自然就刺激了生产技术的提高，更多更好更便宜的香水开始出现。娇兰的出现也揭开了现代香水流行的序幕。之后，香奈尔、迪奥、圣罗兰这些设计师们将香水引入时装界，更奠定了香水今日的地位。

第二次世界大战更深刻地影响了香水的发展，由于战争使香料供应国与香水生产国的联系中断，人们开始加大力度研发更多的新原料，让它们充实到香水原料的大军中来。那时的香水还不是普通日用品，而是用于特殊场合下互赠的礼物。像开路先锋一样的雅诗·兰黛改变了这一切，1953 年，凭借她惊人的直觉，雅诗·兰黛推出了可兼做沐浴香油的双功能香水

"朝露"。一夜之间，香水成为了任何女士都可买到的日用品，并由此改变了其历史进程，使香水业真正进入了蓬勃发展的新时期。

进入 20 世纪 80 年代，香水突然由个人物品变成装点门面的必需品。这个时期的香水不再是纯粹意义上的奢侈品，而更像一种带着名师标签的生活方式。另一方面，这个时期的香味都非常"火爆"，既打破了以往的芬芳经验，更抛弃了传统的接近肌肤气息的幽香，强烈的味道使人很难掩藏行迹。香水设计师们也尽可能地发挥想象力，竭尽所能制造更新奇、更有大师特色的香水产品。20 世纪 90 年代，香水业已日臻成熟，各种风格层出不穷，人们不再狂热追求品牌，而更多地把香水看做个性文化的展示。随着这种文化价值观的改变，香水被赋予更丰富的时尚内涵，香水的设计视野大大拓展，几乎没有什么题材或风格是会被限制的。而且，时装设计师们也纷纷开始推出自己的香水系列，香水作为时装必不可少的补充语言，实现了完全意义上的时尚整体性。

就像一篇纷繁的乐章，开放而多样化的风格构筑了 20 世纪 90 年代香水最繁荣的 10 年。而在不断突破和变革之后，人们唯一的问题就是猜测"接下来的惊喜是什么呢？"也许 21 世纪的香水时尚会更加精彩。

PERFUME

天桥舞者的时尚梦寻

香水之女人篇

如果让10个女人同时在5秒内说出自己最喜爱的女性用品的话，至少有7位会毫不犹豫地选择香水，因为很难有第二种商品能像香水那样在她们的生活中占据如此重要的位置。

看到凡·高的《向日葵》，你一定会被它夺目的黄色所震撼；听到巴赫的《圣母颂》，你也一定会被感动得热泪盈眶。为什么？不为什么，那是艺术！如果这时有个女人与你擦肩而过，其实你没来得及睹其芳容，但你还是扭过头猛盯了几眼，然后吸吸鼻子，定了定神。为什么？不为什么。那也是艺术，香水的艺术！

自古以来，香水与女人之间，一直存有亲密而微妙的关系，女人的美丽及优雅，借着曼妙的香气暗暗传送，展现独特的个性魅力。女人非常懂得用气味来完善和丰富自己的形象，而一个气味芬芳的女人一定是人们乐于接近和赞美的对象。女人本身就是香味甜甜的，因为这是上帝对她们的照顾。可是雅典娜女神仍然觉得女人还不够香甜，就使出魔法把奥林匹斯山的圣水变成了一碗香水，洒向人间大地。这样，世界就成为女人拥有香水的乐园。香水的世界——无论大与小、透明与半透明，都是沁香无比的，它创造了一种温馨的文化风景。这种风景寄托着女人的所爱和男人的向往，而且使人能忘记那些不快的感受。因此，香水风景线实在令人流连忘返，尤其是那些文化里呈现出来的美感和传媒演绎的概念——都是关于香水的时尚注解。

20世纪初的欧洲弥漫着一片自由和独立的文化风气，那个时代的女人融浪漫与自立气质于一体，她们选取富有女性韵味的花香彰显自己与众不同的

pleasure intense

魅力。随着时代的演变，妇女走向社会并逐渐拓宽了眼界，于是香水也少了几分浓郁的甜美，而混合了甘苦典雅的香气。20 世纪 80 年代的香水业是充满传奇和喧嚣的，这时的女性大胆开放，开始使用强烈味道的香水。进入 20 世纪 90 年代以后，香水文化的概念发生了重大变化，香水被赋予更丰富的时尚内涵。追求浓情艳丽的女性、喜爱清新优雅的女性都能找到属于自己的香水。女性追求自我个性的特征在香水的设计品位中被充分体现出来。随着女权精神深入文化领域，无性别之差的趋势也充斥着香水界，中性香水由此诞生了，香水界进入了香水革命的新文化时代。

PERFUME

物质的外表，思想的羽毛

香水之男人篇

时尚和流行趋势正带着我们走进一个新的时代。但不可否认，无论有多少新的主角出现，只有香水，是这个时代唯一的君王！

不要说性感只与女人有关，自然界最华丽的外表都属于雄性动物。物质的、性感的男性，是城市中别有意味的一群人，在细节与细节之间，在不同的标识之间，这些快乐的、明亮的，被物质符号包裹的男人其实有很大的不同。他们有物质抑郁症，他们有物质崇拜症，他们贪新，他们恋旧。他们不会像女人一样，换衣服的速度永远快过换恋人的速度。他们眷顾一个品牌，就像找到另一个自己一样贴切。一个品牌，就是一个男人思想的羽毛，他被它装饰，并在华美羽毛营造的装饰感中忘却自己。他们常常认为，这个被物质包裹的男人比赤裸的自己还要真实。

其实，男人对香水的追求一点也不逊于女性。历史上法国皇帝路易十四就嗜香水成癖，被称做“酷爱香水的皇帝”，他甚至号召他的臣民每天换擦不同的香水；

拿破仑更是一位香水迷。从表面上看，男士们对香味似乎装出一副漠不关心的样子，事实上他们对香味是很敏锐的。现代的每个男性都很时髦，喜爱干净，那种汗臭味代表男子气概的时代已成过去，而区分男性是否跟得上时代潮流的重点就在于他如何使用香水。因此，男用香水也大行其道，日益流行起来。

实际上，从文化的角度讲，香水本身并无特别之分，就如同香烟、酒和车一样，都是男女的共用品，只不过在消费观念上大家产生了差别而已。法国香水调剂专家杜诺瓦在《香水世界中的迷恋人们》一书中说："我们的世界丰富异常，令人感受不尽其中的美好。就拿香水来说，本来它可以不存在于我们生活之中，因为它在本质上属于一种奢侈品。但是人性的潜能又在追寻创造这种奢侈品的欲望，其目的就是用香水来创造和延伸自己的生活愿望，试图在香水中寻找到情感和慰藉。事实上，人是很容易满足的，所谓奢侈也并非浪费与糜烂，在香水上用的心思恰好是正常人性的反映，是一种对美的着迷状态的反映。正是这样，香水文化的意义已经越来越广泛，越来越潜入到人们的灵魂中去了。"也许，从杜诺瓦的话中，我们已经完全能够感受到无论男女都为香水着迷的文化态度和文化追求。在这种文化态度和文化追求中，香水使我们懂得爱生活的人都有一种亲近感和美好的激情。

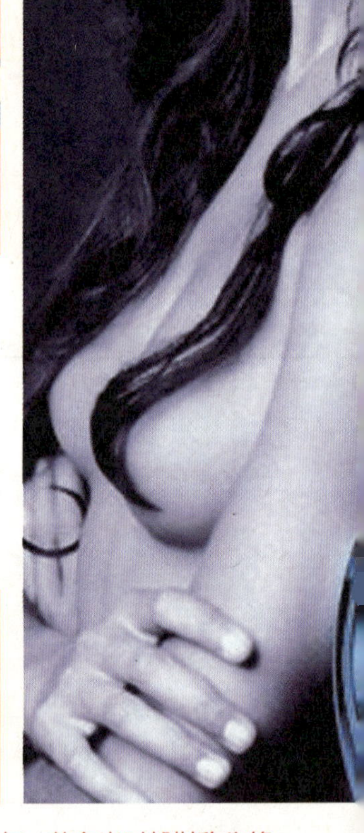

恒久艺术和奢华的代言

娇兰

创始人◆

皮埃尔·娇兰
（Pierre Guerlain）

创始时间◆

1828 年

公司所在地◆

法国·巴黎

娇兰的品牌价值就是奢华与创造完美的和谐，其每一款在当时都堪称先锋之作。它们既独领风骚，又将“和谐”的传统世代相传。

GUERLAIN
PARIS

大概只有像娇兰这样出身名族的香水，才能有资格把举世闻名的香榭丽舍大道印在香水瓶上，仿佛在诉说这里是巴黎，是花之首都，是浪漫之

王国。它因讲求别致时髦而迷人，使穿戴极具巴黎时尚风格的女性，充满了从容自主的特性。这来自巴黎的浪漫幽香，会带你到法国，到巴黎，到香榭丽舍大道，去感受全世界的优雅与浪漫。凯旋门、埃菲尔铁塔，凡是这条街上有的举世闻名的景色，始终华美地贯穿于瓶里瓶外。在香水界，娇兰几乎就是经典香水艺术的代名词，它将非常简单的理念付诸实践，创造出高品质的产品。永远不在质量上欺骗顾客，是娇兰代代传承的经营理念，而娇兰公司所聘请的专业调香师也在富有想象力、创造力的同时，具有娇兰家族特有的洞察力，在奢华和梦幻中彰显睿智。娇兰家族的继承者让·保罗·娇兰曾经游历全球，在各地寻找配制香水的天然精华。他说："我觉得，到各处走走，亲自挑选制作香水的材料，只有这样，才能继承娇兰的传统，保证我们的品质。"卓越的品质使娇兰香水脱颖而出，完美的程式、精巧的成品、卓越的工艺，正是这一切构成了娇兰独一无二的风格。

神奇的香料配方是娇兰香水的芳香标记，而娇兰香水的制作过程，就仿佛是作曲家谱写一首交响乐，指挥所有的香料，按照香水的风格，抒写最和谐动听的乐章。它传递着知性与感性之美，立体透明瓶装设计，强调女性的内在美感，让你感觉仿佛是身处欧洲皇室，让你经历奇幻瑰丽的旅程。光滑的瓶身仿佛佳人细腻、性感的肌肤，盈盈握在掌间，经典不言而喻，只有娇兰香水才能告诉你瞬间何以隽永。而其借由香气所散发出的那种与众不同的美丽，更是令人陶醉，让人痴狂。清新柔美的香气使每个女人散发出不同的女人香，让女性的婉转与妩媚楚楚再现。不管是谁，只要涂上这种充满活力、众人爱怜的香水，似乎都能愉快地一步步迎向幸福的人生。

GUERLAIN PARIS

娇兰，边快乐边美丽

娇兰带给你的是生命力和不断再生的韵味，创造的是时尚而不是流行，是一种长久不变的喜悦，而非一时的时髦。

五代香水师，178 年的香水制造经验，娇兰真可称得上是当之无愧的香水世家。作为香水先驱的法国娇兰，酝酿一款香水的诞生如同创造一件艺术品，不仅追求内在的意境与神韵，更赋予香水本身真正的活力。进入娇兰的世界，就仿佛来到另一片天空，传统和创新在这里交织出了最美妙的乐章，每一款都演绎着一个传奇。娇兰香水系列最迷人之处，就在于它抛弃中庸和清淡，充满了追逐欢乐的深刻内涵，强调对女人的关注，演绎了女性美的极致，兼具坚强和脆弱，勾魂摄魄。

艺术总是创作者个性最高度的提炼，若非如此，莫谈艺术，香水亦是。娇兰香水的另一个独特之处在于它曾创造出一款无可比拟的香味，那是来自巴黎的浪漫幽香。它恰似在微风中摇曳生姿的花朵，不时传送出令人深感愉悦的清新，就像随风飘扬的花瓣一样，给人一种生动活泼的感觉。它引发了每个女人内心最深处与生俱来的独特香气，带给每位女性青春飞扬、前所未有之轻快和彻底活出自我的感觉，使你深切感悟到生命的真谛。

多数事情，秘诀是没有用的，就像香水，仅有配方的只是技师，不是大师，或许流行了一时，却难有一世之名。这个历史悠久的家族企业，历经了五代传人，每一代传人都以其神来之笔般的策划灵感和持久的革新精神，使娇兰既保持了传统的风韵，又坚持了不断创新的勇气。无论创制于什么样的时代背景之中，无论属于何种类别，娇兰香水秉承了平衡、和谐、完整的风格，坚持着优雅高贵的气质。境界是一种难以言传的体验，可以

直达人心的，也唯有相通的心灵，娇兰却以一种无法言表的形式来诠释。于是，一个半世纪前的阳光，穿透娇兰的瓶壁，刺伤了我们的眼睛；一个半世纪前的芬芳，穿越所有的时光，沉醉了我们的心。

GUERLAIN
PARIS

精致与华丽的典范

娇兰把握了传统资源与创新精神这两者之间的平衡，成就了香水史上的奇迹，从中也可窥见娇兰的光辉成就。在品质的保证下，娇兰开创并引领着未来潮流，所以，瓶盖开启时，让·保罗·娇兰说：“但愿醉死于香水。”

“光辉实属短暂，只有美誉才是永恒。”娇兰香水创始人皮埃尔·娇兰曾如是说。作为一个颇负盛名的国际品牌，娇兰香水自创立170多年以来，推出的香水品种超过300种。这个香水王国中最明艳的骄子，以它那特有的贵族气质与优雅浪漫的品质保障，奠定了它在法国及世界香水界的品牌

地位。

时光追溯至 1828 年，从娇兰的创始人皮埃尔·娇兰开设第一间香水专营店起，娇兰即专注于创制不同种类的独特香水及香精，以配合不同人士的性格特质。由于概念崭新，随即倾倒万千女性而闻名于世，并于 1854 年被拿破仑三世皇后欧也妮钦选为御用香水。而娇兰当日特为皇后欧也妮研制的“皇家香露”迷人香水及其独有的金箔蜂姿舞香水瓶，人们至今为止仍可在娇兰美容中心一睹其芳华。

皮埃尔·娇兰先生于 1864 年离开人世后，他的庞大产业便由他的两个儿子肩负。爱默继承了父亲的天赋，在老人逝世仅五年后就推出了著名的“姬琪”，这款香水和以前的香水都不同，非常时髦，非常完美，被看成是第一款现代香水，是一个伟大的经典之作。香水瓶由娇兰家族的人担任设计，巴卡莱特制造，模仿了古典化学试瓶的样子，瓶塞很像是香槟酒瓶塞，象征着香水所代表的快乐和幸福。1906 年，在娇兰家族第三代雅克的手中，又诞生了另一款经典香水——“水波”，跟着娇兰公司又推出花香调东方香型的“忧郁”，这是雅克献给爱妻的礼物，也是对考迪公司的“牛至香精”香水在商业上的回应。

对富有阶层来说，二战之前的日子每天都像是庆典，而娇兰公司也适时推出了一系列香水，如带有日本风格的“东瀛之花”，东方风情的“莎乐美”，还有以歌剧《图兰朵》中的一个角色命名的“柳儿”，接着是向电影界献礼的“长夜飞逝”。娇兰的事业始终在拓展，并在其他国家开设许多分店。但是战争的爆发破坏了娇兰的生意，战后的重建是一个相当缓慢的过程。1955 年，雅克·娇兰和自己的孙子让·保罗·娇兰一起制作了他一生中的最后一款香水，而让·保罗·娇兰也借此机会继承了娇兰家族敏锐的嗅觉，在 1969 年为娇兰香水家族增加了新成员——“迷醉”，它使人联想到战时的鼓声、心跳声和投降的场面。

在娇兰诸多香水系列中，“Too much”香水应该算是最有特色的一款。此款香水能引发每个女人内心最深处与生俱来的独特香气，带给每个女性青春飞扬、前所未有的轻快和彻底活出自我的感觉。它表现了女性的所有优点，崇高、浪漫、知性、活泼，表达了所有激动人心的爱情故事和特殊时刻轻松、有趣的一面，汲取了香榭丽舍女士香水的所有优点，同时增加其他元素。香水瓶子以优雅而极具时代感的香榭丽舍大道设计为主，饰以梦幻般闪烁的彩虹色调，美得令人目眩。黄色的透明喷雾器，线条圆滑，更加强香水瓶子纤瘦流畅的线条感。银色的金属瓶子上有漂亮的回纹饰，加上两个金色的娇兰圆形凹凸纹，高雅而性格鲜明。

今天，娇兰创制经典香水的传统艺术，仍由让·保罗·娇兰贯彻延续，他的首要任务，便是严格控制香水的品质。在他看来，一个优秀的香水创造者，要具备分辨香水的记忆力，以及钟爱女士的浪漫情怀。因此，由他创制的香水，均旨在激发每位女士蕴藏的独特魅力，让她们倍添诱人风姿。1996 年，迄今为止由让·保罗·娇兰出品的系列香水中最卓越的一款——“香榭丽舍”问世。此款香水完美的花香型，主要由含羞草、含羞草叶和醉鱼草构成。“香榭丽舍”的瓶子由罗伯特·格拉奈设计，他从 1959 年开始设计了娇兰所有的香水瓶。1998 年，娇兰又有限量的香水出售，那就是为了纪念娇兰的创始人诞辰 200 周年的“娇兰沉香”。

随着时光流转而历久弥新的专有技术

造就了辉煌的娇兰王国，也使得娇兰众多的香水产品均散发永恒魅力。娇兰，不仅代表瞬间的辉煌，更象征着永恒的美誉，它的光辉成就，早已超越时空。

GUERLAIN PARIS

国际香水业的拓荒者

身为国际香水业大师，皮埃尔·娇兰先生当时在整个欧洲的地位实属独一无二，单是使用他旗下香水的名人就数不胜数，这其中包括欧也妮皇后、维多利亚女皇和无法使人忘记的奥地利皇后希茜。

1828 年，当年轻的皮埃尔·娇兰从英国学成归来，并在法国创办香水店的时候，大概没有想到，他的家族将因为无形无色的气味在此后的一个半世纪里，成为了永恒芬芳、经久清香的代名词。

皮埃尔·娇兰是一个才华横溢的艺术家，出生于巴黎。他早年去英国学习化学，学成后返回法国，住在巴黎。1828 年，身为医生和药剂师的他本着对香水的钟爱及对精妙品质的不懈追求，经过反复试验和多方面的大胆尝试，终于得以在巴黎开设了一家香水专营店。最初，娇兰的香水店里出售的多为自英国进口的时尚品。也许是命运，也许只是巧合，医学背景为他提供了发挥灵感的现实途径，皮埃尔·娇兰开始调配香水。这位年轻的香水家在一个街角的小工厂内，发明了很多崭新的香水品种。于是，原本虚无地充盈着的灵感，开始一滴一滴地凝结在瓶中，堆积成“液体钻石”。

皮埃尔·娇兰的灵感往往来自漂亮的人物和难忘的气氛，也有顾客专门请他为某位女子、某次宴会调配的特别气味。从 1830 年开始，他尝试着把他的香水产品个性化，为某个特定的人或场合而制造。在皮埃尔·娇兰创立他的生意之初，他就以能为客户配制不同个性的香水而出名。当时娇兰最著名的顾客是大文豪巴尔扎克，但是就是这些也远不足以说明娇兰在法国乃至欧洲香水历史上的地位。

当时巴黎即将重建，一条林荫大道即将出现在人们面前，而娇兰很快就在新建的帕斯大道上设立了办事处，并开办了一家工厂。在两个儿子爱默和加布里埃尔的帮助下，他的品牌逐渐建立起良好的声誉，曾得到过比利时王后给予的王室许可。1853 年，皮埃尔·娇兰亲自研制出品的“皇家香露”的瓶子上印有拿破仑时代的蜜蜂标志，因此得到了欧也妮皇后的欢心，皮埃尔·娇兰也因此被指定为皇家御用香水师。

早在鲜有人懂得开拓香水这个市场并把它列为可发展的工业时，皮埃尔·娇兰先生已全情投入到这个市场中来。1870 年，皮埃尔·娇兰加入皮尔·卡丹设计室，开始自己的事业，成为一位多产而有灵感的设计师。1876 年，他开始以个人名义发布服装系列，很快以勤奋工作和超凡才能荣登全球顶级设计师宝座。“我的热情就是做关于身体的工作，我创造能够展示内在的第二层肌肤。”这是激发他创作的源泉和动力。他设计的香水系列充满了个人风格，浓烈而性感。最有趣的是大师采用了男人和女人的身体轮廓，作为香水瓶身设计的概念，体现了他的独特思路。

娇兰公司通过广告宣传，向消费者陈述其香水能够保持高质量的原因主要是注重成分的构成，并声明每种香水制成，至少有 300 种不同的成分。当一种型号的香水一经制成，其配方的全部资料被视为特级绝密一般，严密地保存起来，只有企业高层的少数人知道。

娇兰是名副其实的香水家族，皮埃尔·娇兰一手创立家族事业，而其儿子爱默及加布里埃尔更是将事业发扬光大的天才。1884 年，皮埃尔·娇兰逝世，秉承了父亲天赋的大儿子爱默接管了娇兰公司，他凭借着一系列新款香水的不断推出，迅速巩固了娇兰在香水业界的地位，从而为娇兰的非凡成就打下了坚实的基础。1900 年，娇兰家族事业传至第三代，加布里埃尔的两个儿子成为接班人：皮特专责管理，雅克专注创作。对于历史如此悠久的公司而言，最大的挑战莫过于如何把握传统资源以及创新精神这两者之间的平衡，在不失既有创作风格的前提下，开创并引领未来潮流。雅克承担起这个沉重而有分量的艰巨使命，推动着娇兰公司继续向前发展，从而成为 20 世纪香水界无人不晓的大师级人物。雅克神色郁郁，沉默寡言，对应酬场合有天生的厌恶，与其他大师不同的是，他在家里进行香水的整个调配过程，而不是在工厂的实验室里。兄弟两人通力合作，最终奠定了娇兰在香水领域的领导地位。

真正的时尚也许总是在其身后有着不动声色的傲人历史。出自皮埃尔·娇兰之手的极品层出不穷，单凭其中任何一款都足以使他的名字书写在香水史上，于是有人说，皮埃尔·娇兰的一生就是法国香水的历史。

简约中的高贵风情

香奈尔

创始人◆

嘉布莉埃·香奈尔（Gabrielle Chanel）

创始时间◆

1921年

公司所在地◆

法国·巴黎

即使香奈尔香水遍布大街小巷，但香奈尔香水也只有一个。它那适合各种情境的香味和令人耳目一新的美丽，自然的芬芳以及新鲜的海滨花香，是让你今生今世都难以忘怀的气息。

香奈尔，它神秘、杳渺、飘忽，萦绕了大半个世纪那一缕持续不退的香气，以始终不变的姿态，成为上个世纪的经典。香奈尔香水的味道淡然而久远，隔着一个世纪，其馥郁芬芳仍然飘然入心，依旧纯正自然，仿若真水无

香。只有彻头彻尾地折服于一个品牌，信赖它的风格与魅力，才可以达到与其肝胆相照的地步，万千绚烂归于平淡，试遍千样繁华后，你才会心甘情愿地置身于香奈尔香水不变的淡然与潇洒中，笑傲所有风花雪月的诱惑。

香奈尔香水并不缤纷多彩，事实上，它只有一种风格，那就是简朴与清纯。如果女人需要让香水表达自己内心对于自由与快乐的向往，应该毫不犹豫地选择香奈尔。当身外之物都可以抛却的时候，人才是自己的主宰，女人返璞归真时所具有的坚贞味道就是香奈尔的味道，曾经平淡亦曾销魂蚀骨。梦露说：“除了几滴香奈尔5号香水，我什么都没穿。”香奈尔的味道，真的是无挂无碍的味道，永恒的本质力量，信念闪闪发光。这个名字在人们心中不仅是个优雅的品牌，更是一种自信、独立、现代的新女性标志，代表着华丽、现代与摩登。

每个人都记得，当玛丽莲·梦露被问到喜欢穿什么就寝时，她那段有名的妙答：“除了几滴香奈尔5号香水，我什么都没穿。”嘉布莉埃·香奈尔也是第一位被好莱坞及明星们点名道出的设计师。

时尚潮流必须愉悦身体与视觉，容不下任何造作。在实用和功能化风格之外，香奈尔香水融进了自己的品牌特质，打上了自己的鲜明标记。自创立以来，它始终在追求一种单纯素净、经久不衰的雅致。它的灵魂，不是强求自然，而是顺其自然。嘉布莉埃·香奈尔曾说：“如果有人拿朵花给我，我可以从花中闻到摘花者的手味。”天才的敏锐与直觉，令她把握了时代的革命性变化，如同预言家一语中的，她用自己的艺术打动了普通人的心，哪怕她一生的客户都是豪富女子，她却如此准确地传达了平民的内心情感和要求。嘉布莉埃·香奈尔，一个天才的女人，造就了一个传达历史转变的品牌。

CHANEL 华丽、现代与摩登的代表

香奈尔香水塑造了女性高贵、精美、优雅的形象，简练中见华丽，朴素而非贫乏，活泼且显年轻，实用但不失女性美。

1913年，嘉布莉埃·香奈尔在法国巴黎创立香奈尔公司，这家公司的产品种类繁多，有服装、珠宝饰品、

配件、化妆品、香水，每一种产品都闻名遐迩，特别是它的香水与时装。多年以来，“香奈尔”一直是女性时尚经典的代名词，它总能使人联想起香水、女性解放和魅力。拥有“香奈尔”，成为众多追求时尚女性的梦想。

嘉布莉埃·香奈尔是饮誉法国和世界时装界60余年的服装设计师，她所创立的香奈尔香水品牌驰名世界，其品牌的标志是她的爱称“Coco”中两个字母“C”的组合。作为世界上最著名的香水品牌之一，香奈尔香水以现代花香系列为号召，包括不下130种香精，而且其中的主味大多是人工合成的现代花香香精，可使香味富于变化，这是香奈尔香水最大的特色。清爽淡雅的芬芳，全新时尚的包装，没有比香奈尔更特别的香水了，它是全世界女人的最爱。

对于一个有着80余年历史的品牌来说，突破传统、抛弃束缚，是香奈尔香水的一贯原则，这正应了20世纪50年代香奈尔的一句话：“只有女人才真正了解女人。”时尚来去匆匆，但风格却能永恒。香奈尔品牌高雅简洁的格调，堪称独树一帜，全然摆脱19世纪末的传统保守作风，开创了一种极为年轻化、个性化的形式，奠定了20世纪女性时尚的基调。同时，在这个品牌背后，永远透露着高雅、简洁和精美。它善于突破传统，早在20世纪40年代，嘉布莉埃·香奈尔就成功地将女装推向简单、舒适，这也许是最早的现

代休闲服。香奈尔最了解女人，它的产品种类繁多，每个女人在香奈尔的世界里总能找到适合自己的东西，在欧美上流女性社会中甚至流传着一句话：“当你找不到适合的服装时，就穿香奈尔套装。”

独具特色的是，香奈尔品牌从不拒绝抄袭，因为在嘉布莉埃·香奈尔看来，唯一有意义的时尚，是走入街头巷尾的时尚。嘉布莉埃·香奈尔认为，时尚不仅仅指服装而已，时尚也存在于天空中、街道上。试想，如果有一种美好而切合人类的天性，那它怎么会不成为流行？也许你没有买过正品的香奈尔，但它的精神，早已渗透于款款香水里，即使你不选择香奈尔，香奈尔也会选择你。只要我们置身时尚里，就无法摆脱它。至今，香奈尔的名字仍然是香水界中响亮的品牌象征。香奈尔仍然继续着它的梦想，在巴黎顶尖时尚领域创造辉煌。

香奈尔 5 号是香奈尔的第一瓶香水，于 1921 年推出。这是一款合成花香调香水，灵感来自花束，融合了奢华与优雅，且表现出女性的勇敢与大胆，完全打破了当时香水的传统精神。直到今天，香奈尔5 号依然稳坐世界销售冠军的宝座。

1937 年，嘉布莉埃·香奈尔出现在 5 号香水的第一则广告中。

法国前文化部长曾有如下一段评价："这个世纪法国将有三个名字永存，戴高乐、毕加索和香奈尔。"今天的香奈尔品牌已成为华丽、现代与摩登的代表，也是人们能够提起的朗朗上口的少数名牌香水之一。香奈尔有一种微妙与难以言喻的特质，是一种女人中最女人的表达方式。"嗅觉是最神秘的，最人性化的要素之一。"这是嘉布莉埃·香奈尔生前常说的一句话，而香奈尔香水的成长就是这种人性化的最完美阐释。

20 世纪 80 年代的时尚风格以外表为中心，有时难免会炫耀。当时出现了一股喜爱性感香水、摄取自东方的性感香气的风潮。"我创作的不是一款流行香水，而是代表该年代的香水。"设计师如此说明。在完成他这款香水的最后阶段，他旅行至亚洲寻找更多灵感。东方茉莉，东方玫瑰，以及巴西的东加豆在此融合，成为了 COCO 香水，温暖性感的香水，热情又炫目的作品。

CHANEL 永远不变的高贵品牌

80 多年前，嘉布莉埃·香奈尔因其世界最受欢迎的香奈尔香水，激发了女性对美的向往与追求，成为流行世界的时尚先驱，其影响一直延续至今。

即使你没有穿过香奈尔品牌的时装，但一定听说过香奈尔公司生产的香水。实际上，在套装、鞋履、手袋等女性需要的每件用品上，都可看见香奈尔的标志，这要归功于香奈尔品牌的创始人——嘉布莉埃·香奈尔。

香奈尔香水掀起了时尚革命，散发出独特的气味，并且无意间极大地帮助了追求平等的妇女们。但这并不是嘉布莉埃·香奈尔事业的开始，她的设计生涯其实开始于帽子。在男友雅瑟·卡佩尔的资助下，香奈尔在一年的时间里开设了两家时装店，1912 年，香奈尔又在法国开了一间小小的服装沙龙，尔后，凭借其独特的艺术眼光，逐渐将其发展成为迄今不衰的香奈尔王国。1920 年，嘉布莉埃·香奈尔把沙龙搬到了鲁坎波恩，直到现在这家沙龙还生意兴隆。

嘉布莉埃·香奈尔认为自己划时代的服装应有前卫的香水搭配，1921 年的

一天，香奈尔香水的设计师尔尼斯勃先生拿着两组调制成功的香水，一组标志着1号到5号，一组标志着20号到25号，让嘉布莉埃·香奈尔选择，结果她选了第5号，因为“5”是她的幸运号码，著名的香奈尔5号香水就这样产生了。这是第一款合成花香香水，其配制灵感来自花束，在风格上融合了奢华与优雅，且表现出女性的勇敢与大胆，完全打破了当时香水的传统精神。它标志着嘉布莉埃·香奈尔小姐一举成功地涉足香水界，这一成功也给嘉布莉埃·香奈尔带来了巨大的财富。这款香水产品的外型设计多年来从未改变，自始至终贯彻着香奈尔的简约原则，直到今天，它仍是世界上最畅销的香水之一。

1926年，嘉布莉埃·香奈尔推出以幽静淡雅为主题的芬芳花香系列香水，这是为了搭配那时香奈尔的最新时装——白色新貌系列。它是香奈尔系列中最柔美、最女性化的香水，独特的鲜果香味和花香，打造出一股真实而经典的新香气，并拥有独特的气息，象征着现代女性的无比魅力。

1970年，香奈尔公司推出芬芳花香——清新草绿香系列香水，这是为了纪念嘉布莉埃·香奈尔的生日而特别设计的，据说这款香水是香奈尔平常最喜欢擦的香水。而随后的“倾城之魅”香水是香奈尔公司最新推出的革命性香味，耗费了香奈尔公司首席香水设计师贾克斯12年的心血。在贾克斯看来，香水的三重奏还不足以表达“倾城之魅”的细腻和复杂，为此他提出一种叫“钻石六面体”的香味结构。“倾城之魅”的第一个钻石切面是由意大利柠檬带出的清新调，第二个切面是甜美迷人的柑橘香，第三个切面是包含玫瑰、茉莉、忍冬、白兰花、百合的芬芳花香系列，第四个切面比较特殊，是现代（合成）花香系列，这种香味被形容为只应天上有的清澈、轻灵、无瑕。最后的两个钻石切面是以香草为主味的，柔嫩粉润，充满性感。水晶般晶莹剔透的质感，洋溢着年轻纯净的甜美气质，轻巧的香味和略带侵略性的香调，最适合清纯少女，或是喜爱淡雅、个性温柔、略带羞涩的成熟女性。

1984年，香奈尔公司为了纪念嘉布莉埃·香奈尔而特别设计了COCO香水，这是芬芳花香——神秘东方之香系列香水。它给人的感觉是有一种从辛辣刺激到芬芳花香，再到龙涎香的层次。据说这显示了嘉布莉埃·香奈尔小姐追求完美绝不妥协的强烈个性。这种香水的外观设计和香奈尔5号香水一样，亦是一个长方体形，这种设计现已被称为香奈尔风尚。

事实上，嘉布莉埃·香奈尔不仅找到了适合自己的香水，也找到了市场营销的良策。她用自己的名字为香水命名，破天荒地开拓了自己的香水制造业，使得那些买不起香奈尔时装的人，可以通过购买香水，感受、分享香奈尔这个品牌，并使其成为同品牌服装的完美补充。“香水的好处并不是几千个享有特权的上流贵妇所专有的，”珍妮佛·克雷克写道，“只要用几滴香奈尔香水，穿上一条裙子和套头毛衫，所有的女性都可以成为香奈尔。”

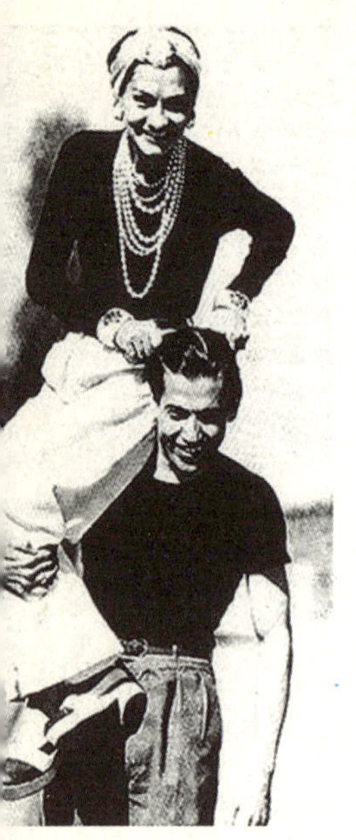

香奈尔与赛吉里法

CHANEL 用生命来谱写的浪漫乐章

嘉布莉埃·香奈尔是第一个用自己的名字来命名香水的设计师，这使得香奈尔香水的香气弥漫到世界的每一个角落。

1971年1月10日是世界上最著名的时尚偶像之一嘉布莉埃·香奈尔逝世的日子。就像与她同时代的艺术家们一样，香奈尔打破常规、挑战传统并且使人们开阔了眼界，她把时尚抬到了一个崭新的高度——从妇女们茶余饭后的谈资变成了整个世界关注的焦点。嘉布莉埃·香奈尔从未过时，1999年，美国《时代》周刊评出了100年来最具影响力的20位艺术家，嘉布莉埃·香奈尔醒目地排在第二位。“她没有议会与国土，却统治得比任何一位政治家永久，她作出的每个决定，都超越国界而在世界上具备法律般的效果。”

在过去的100年中，无论是在香水还是在人生态度上，嘉布莉埃·香奈尔都是女性追求的先导和典范。尽管已逝世多年，但许多人仍热爱着她的风格，她精彩的人生，大战前后的绯闻，都使她的生命留下浓厚的传奇色彩。

嘉布莉埃·香奈尔的身上似乎永远都有消耗不完的热情，这种热情可以将任何存在于她脑海中的事情变成真实，她桀骜不驯的行径往往能带动潮流，例如她自己率先穿上男装、剪短头发、公然地“脱”下帽子，穿着衣服躺在草坪上享受日光浴……这些现在看来并不特异的行为，在当时却属于公然向禁忌挑战。1914 年，嘉布莉埃·香奈尔创造出全世界第一款泳装，而她自己当然也是大胆的女泳者之一。

20 世纪 50 年代，巴黎新一代的设计师才开始成熟，纷纷窜起，而此时的香奈尔已在瑞士平静地生活了十多年，已经 71 岁高龄的香奈尔在 1954 年突然戏剧化地宣告复出，并且带来了自己的新作重回时尚界。据说，她的复出是因为她实在看不惯克里斯汀·迪奥，因为那是她的时代。嘉布莉埃·香奈尔趋向实际的设计征服了美国市场，她成功地重新定义了香奈尔的品牌形象，无怪乎连好莱坞也张开双臂欢迎她的到来，她几乎包装了那个时代所有的好莱坞明星：从凯瑟琳·赫本到伊丽莎白·泰勒、安妮巴克丝特。而奥黛丽·赫本的经典形象——黑色小裙、优雅的烟卷和标志性的提包——更是香奈尔的杰作之一。

嘉布莉埃·香奈尔女士永不停止地创造，而且不只是创造香水。她一手倡导的风格、走路的姿势、生活方式都已成为 20 世纪精神的代表，她抛弃了紧身束腰、鲸骨裙箍与长发，使用肩背式皮包与织品套装，这些都使女人更为自由。她更引导了一种截然不同的奢华品位：简单。嘉布莉埃·香奈尔的创造在任何场合都优雅合宜，她所创造的每一件香奈尔产品也都忠实地反映出她生前所说的一句话：“华丽的反面不是贫穷，而是庸俗。”

在嘉布莉埃·香奈尔身上，不仅展现着现代女性的美丽、诙谐、乐观和引起争论的气质，而且还表现出一种勇于面对现实的坚强性格。嘉布莉埃·香奈尔是一个新时代女性形象的代表——自由、骄傲、藐视传统。她既是建立香水王国的女强人，同时又是娇弱多情的女性，这就是她与众不同的天赋，恰似她神奇多彩的一生。

精明、时尚、永远前卫，这就是嘉布莉埃·香奈尔，这个女人在香水上所赋予的想法，彻底地改变了西方女人对自己的看法。

总是不断对抗传统的嘉布莉埃·香奈尔，正如她所创造的那款如注册商标般的正红色口红一般大胆前卫。当人们都还穿着密不透风的衬衫时，她已将衣领解开，并穿上可露出脚踝的男性裤装，自信地昂首街头；当布料供应因第一次世界大战短缺之际，她采用了原本只用于男性内衣的针织布料，制成了令人喜欢的女装。而这些，竟都出现在一般单身的良家妇女根本不该联想到男性内衣的时代！

after five
Elizabeth Arden
众香之巢
伊丽莎白·雅顿
创始人◆
佛罗伦丝·南丁格尔·格雷汉姆
(Florence Nightingale Graham)
创始时间◆
1922年
公司所在地◆
美国·纽约

在传统与现代的交融中，不论经典能有多少不同的状态或境界，伊丽莎白·雅顿香水已尽得其精髓。

Elizabeth Arden

当经典传统遇上摩登现代，就造就了不凡、唯一、极致的伊丽莎白·雅顿香水，这个成就了无数神话的香水，已经成为全球无数女子的最爱。它那别致优雅的浪漫格调，令众多时尚爱好者为之倾倒，女人喜欢它的清幽，男人喜欢它的妩媚。它从欧美风靡到亚洲，不仅快乐本身，就连优雅、性感的讯息也已随着它散发出去，明亮且温暖，性感且高贵，仿佛蕴藏着无限魅力。

伊丽莎白·雅顿香水以活力而又性感的花香，表达出女性的多重风貌，它仿若是一个浑身高贵性感，却又让你感觉亲近的女人；时而又犹如暮色下静坐于街边的少女，那样淡泊缥缈，宁静自然，仿佛东方神话中不食人间烟火的仙子，自然纯真，清香千里；它又像有着至高品位、尊贵华丽、性感诱惑的女士，不受时尚潮流的影响，却拥有女性独特的魅力与高贵。

那些在传统与现代之间挣扎的女子，从伊丽莎白·雅顿的香气中可以呼吸出无限的自由，尽情地去感受生活，体验生活的感觉，远离尘世的喧嚣，适时聆听自己内心的声音。当然，它的美妙并不只存在于此时此刻，当一种神秘而缠绵的香味飘来，你可能就突然想起了某一天某一时刻的某个故事——属于自己的故事，伴随着它独特的芬芳，一滴滴穿透你的心灵。

没有任何一款香水适合所有女人，也没有任何一种香水能阐释女人的每一种心境，伊丽莎白·雅顿香水则具有如此强大的力量。它将女人的娇羞、畏惧、骄傲、向往、自信、坚强和风情全都锁定在或清淡或浓艳或妩媚的芬芳之中，企盼匆匆经过或稍作停留的人都能感受到它想要表达和难以道出的一切。一段单纯的情感，一份无限的亲切，伊丽莎白·雅顿香水将女性的温柔清晰地呈现出来。淡淡的清香不失持久，清清的风雅不失柔美，伊丽莎白·雅顿的香气仍留下恒久不朽的氛围，深深烙印在每个人的心中，令人永难忘怀。

Elizabeth Arden
女人自信的完美诠释

伊丽莎白·雅顿是专为都市唯美主义者而设计的，它是值得搜集、值得欣赏，更值得抚摸的高贵香水。它既简单又复杂，就像爱情一样，可以细水长流，也可以激情澎湃。

每一个世界著名的香水品牌，几乎都有一个神奇的故事，而这些故事又和名贵的香水瓶及独特的香水名字联系在一起，香水的煽情作用被发挥到极致。被人们称为众香之巢的伊丽莎白·雅顿“第五大道”香水，瓶身采用帝国大厦的样式，显得高挑、明快而冷傲，既显示了其创始人从第五大道开始的事业，又体现它内中蕴涵的那种尽善尽美的理想和不屈不挠的精神，这一切都使自信、时尚和独具个性的女性禁不住对它情有独钟。伊丽莎白·雅顿香水的识别标志是那扇像戴了矮桶圆帽一样的沙龙大门，在这扇门里，数以百万计的女人们变得优雅、神秘和美丽，而那扇红色的大门也成了女人们自信无比的代表，它使得女人充满活力，进取精神得到光大，不被埋没在人群中。

“第五大道”香水由美国伊丽莎白·雅顿公司于1996年出品。它表现了女性自信、现代以及智慧、优雅的一面，适合现代都市中自信、时尚又追求个人风格的女性。瓶身设计线条简洁大方，颇具现代节奏感，以纽约曼哈顿的摩天大楼为瓶侧线条，优雅利落。

一种令人炫目、不期而遇的邂逅，它活泼、纯净而欢乐，散发出的独特香气，使你在举手投足间被一股清新典雅的香氛所围绕，让人感受到愉快与喜悦，忘却一切烦恼和痛苦。独特的瓶身设计，纤巧精致，城市与花朵的完美结合，光滑圆润，曲线优美的瓶身，正如一栋高楼，极力向天空伸展，伴随着瓶身，一朵红色的罂粟花亭亭玉立于晶莹的玻璃瓶中。作为一款著名香水的造型，并且是沙龙里最为成功的香水，世界排名第一的伊丽莎白·雅顿香水以它那高雅大方的仪态时时吸引着每一位时尚女性，在温柔中展现着女人独立自主的个性，尽显真我风采。

伊丽莎白·雅顿香水代表着性格上的开朗、亲切和自信无比，虽然它极具女性香水的特质，但它的独特气质中饱含活力，有时甚至因为稍微有点咄咄逼人而略少温柔相，不过，正是依赖这种略显矛盾的特质，才让它能够在众多香水品牌中脱颖而出。伊丽莎白·雅顿香水的配方具有浓郁的花香，有点侵略性的、不加掩饰的香味，这种香水并不适合草地上的野餐，可是在一些正式的场合，只要你有足够的自信和智慧，但用无妨，它会将你的美丽散发得淋漓尽致。

自古至今，没有任何单一的定义可以完整地描绘出美，且每个女人皆会散发出属于她自己的独特的个人风格及魅力，而伊丽莎白·雅顿香水，却成功地将女人的韵味挥洒得淋漓尽致，展现着具有个人独特魅力、高雅自信、懂得享受生活的女性风采！一朵城市之花，成为我们与自然连接的纽带，向我们讲述了非凡、纯洁、坚强而又感性的美的力量，伊丽莎白·雅顿香水体现的是女人尽善尽美的理想和不屈不挠的精神。正因如此，自信、时尚和独具个性的女性都禁不住对它情有独钟，而那种外显、个性鲜明同时兼具情绪转折的香味，更是令许多女性追随它一生。

ELIZABETH ARDEN

RED DOOR
THE FRAGRANCE

Happy Holidays

Elizabeth Arden 盛世不衰的名香之曲

岁月悠悠，时过境迁，但伊丽莎白·雅顿的老牌香水依然被人们宠爱；斗转星移，心潮涌动，伊丽莎白·雅顿推陈出新，开创着新的时尚。

伊丽莎白·雅顿香水的创始人佛罗伦丝·南丁格尔·格雷汉姆，于1910年在美国第五大道开设了自己的美容院，从此开始了她成功的职业生涯。一直以来，伊丽莎白·雅顿不断推出比别家公司多得多的经典香水配方，一跃成为香水品牌的权威，佛罗伦丝还因此得到英国女王和王太后的皇室嘉奖。早在20世纪20年代，伊丽莎白·雅顿已经是一个全球知名的美国品牌，它曾一度垄断整个高级美容护肤市场，一代性感女神玛丽莲·梦露的化妆箱里，就常备有伊丽莎白·雅顿的眼影和唇膏。即使在美容界多元化的今天，伊丽莎白·雅顿依然保持其传统的特色，一些产品的巧妙用法，仍为人称奇。

“红门”所代表的是性格开朗、亲切和自信无比，虽然仍具有女性香水的特质，但充满活力，它使女人的进取精神得到光大，不在人群中淹没无闻。它的配方具有浓郁的花香，有点侵略性的不加掩饰的香味，由三种主要的原料组成：玫瑰、小苍兰和一种精心培育的、在冬天生长的兰草。

如今，伊丽莎白·雅顿公司总共推出的香水品种超过50款，但是在刚开始的时候，伊丽莎白·雅顿卖的是别人生产的香水。第一款自己配制的香水大约在1922年出品，这是一款集雅顿玫瑰、意大利百合之香的独特香型香水。1936年，又推出了相

je m'éveille
à la fraîcheur du
thé

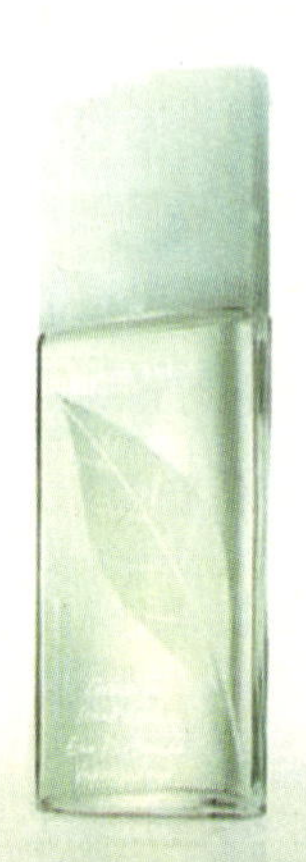

当受欢迎的“青青芳草”，这款香水畅销了近60年。在20世纪30年代和40年代的香水中，伊丽莎白·雅顿公司推出的经典香水有两款：一款是“仙客来”，扇形的瓶子附加可以拆下的珠宝别针；另一款是“就是你”，瓶身用水晶制的手托住。它们的香水瓶至今仍是极受欢迎的收藏品。

20世纪70年代，伊丽莎白·雅顿公司推出的香水“白钻石”曾受到了伊丽莎白·泰勒、尼诺·赛儒迪和瓦伦蒂诺的钟爱。到了20世纪八九十年代，伊丽莎白·雅顿再次推出了属于自己公司的一系列经典香水。最具代表性的就是1989年的“红门”香水，这款香水是以公司的显著性标志命名的。其创意来自于举世闻名的雅顿浴场，瓶体如同一扇带有红色拱形门楣的神秘之门，是伊丽莎白·雅顿产品中最畅销的品种之一，主香调为具有现代风韵的花香，赋予了开朗自信的成熟女性一种充满活力而又泰然自若的优雅风范，充分显示出她们富于进取却又不乏浪漫的双重风格。

1993年，伊丽莎白·雅顿公司又推出著名的“太阳花”，这是一款获奖香水，被宣传为“生命的庆典”。它的香气正如它的名字一般，是那种永不厌倦的悠然自得和与世无争的芳香，这种与众不同的香气具有一种神奇的力量，留给人以生生不息的深刻印象，其瓶身被设计成纽约摩天大楼的样式，一直是最畅销的香水之一。1994年，伊丽莎白·雅顿公司出品“真爱”香水，主要香调为美丽的花香型，结合了玫瑰的华美与莲花的清高，淡淡的玫瑰花香，使人感到清新而舒畅。瓶装设计妩媚动人：粉红色的香液，拥有一对立体的结婚戒指图案的瓶盖。因此，它是爱之精髓，代表着真爱后更真的爱情生活。

著名的“第五大道”香水于1996年推出，它曾由于伊丽莎白·雅顿女士的要求，只能在纽约第五大道销售，其香气优雅、华丽、时尚，表现出女性自信、现代以及优雅的一面，适合现代都市中自信、时尚而又追求个人风格的女性。瓶身设计线条简洁大方，颇

具现代节奏感，以纽约曼哈顿的摩天大楼为瓶侧的线条，优雅利落。

美国一家著名时尚杂志这样评论道：伊丽莎白·雅顿的经典香水，席卷全球，无人能敌。1996年，伊丽莎白·雅顿化妆品总裁彼得·英格兰在接受记者采访时说："品牌的成功，靠的不是过去辉煌的历史，而是靠一点一滴努力的累积。"正是这种持之以恒的精神，成就了伊丽莎白·雅顿的风韵。

Elizabeth Arden "红门"中的铁娘子

她是巾帼世界里的"铁腕"；她是"红门"里的教母；她被《生活》杂志认定是"20世纪最有影响力的美国人"之一，她就是伊丽莎白·雅顿。

伊丽莎白·雅顿享有"香水皇后"和"头脑灵活的女实业家"的美称，她成功地创造了一个以自己名字命名的国际知名的化妆品品牌，从而改变了人们的美容观念，领导了美容、保养的时尚与方向。

伊丽莎白·雅顿

伊丽莎白·雅顿，原名佛罗伦丝·南丁格尔·格雷汉姆，1878年生于加拿大伍德布里奇。伊丽莎白·雅顿是5个孩子中的第4个，在她6岁的时候，母亲就被肺炎夺去了生命。母亲的死，深刻地影响了她的一生。那个时候，小伊丽莎白·雅顿常常要跟随父亲将种植的蔬菜拿到市场上卖，她开始跟着父亲学着怎么与那些买主纠缠，而这番本事恰恰为她此后的事业奠定了基础。在那里她还看到许多富有而时髦的妇女，幼小的她开始对金钱充满了向往。"我想成为这个世界上最富有的女人。"伊丽莎白·雅顿曾经这样说。

不过，农民的女儿却不是想富就能富的。伊丽莎白·雅顿的第一份工作是护士，但很快她发现自己并不适合这份差事，后来她又做过职员、速记员，甚至牙医的助理，最终她发现还是打扮自己也打扮别人才是她最想做的事。1908年，伊丽莎白·雅顿来到了纽约投奔弟弟，两年以后仅仅凭借6000美元，创办了自己的化妆品公司，并以自己的新名字伊丽莎白·雅顿命名，这个名字的灵感来自小说家伊丽莎白·冯·阿尼姆和丁尼生勋爵的诗作《伊诺克·雅顿》，从此她开始以追求完美主义的性格、不屈不挠和对细节要求很高的雅顿小姐而闻名。

伊丽莎白·雅顿亲自创办了富有贵族气息的第五大道美容沙龙——“红门沙龙”，在当时就有别于其他装潢得像医院而且只做颈部以上护肤的美容沙龙。“红门沙龙”的装潢精致高雅，以粉红色作为基调，它的大门也为著名的红色。除了提供最先进和最流行的脸部与身体全身护理外，沙龙还销售高级服装、珠宝与化妆品，指导女性整体美的概念，所以曼哈顿的女人纷纷开着高级的雪佛莱轿车前去光顾，甚至还有那些名列“十佳着装”名单中的知名女人，这使得沙龙的名气大增。

伊丽莎白·雅顿成功地创造了国际知名的化妆品品牌。20 世纪 40 年代，她的事业达到了顶峰。当时，世界各地都知道的三个美国品牌就包括伊丽莎白·雅顿，其余两个品牌分别是辛格（缝纫机）和可口可乐。她被当时的《财富》杂志形容为“美国历史上迄今为止赚钱最多的女人”。

如今，“红门”美容院在每一细节和设计上都有了极大的改变：原有的建筑结构已翻新，空间更宽敞，地方更整洁，时尚中透着古典，充满宁谧恬静的氛围。过去，到此的顾客主要是想令自己漂漂亮亮，顺便打发时间，而今日，大部分来此的女士只希望在“红门”得以享受那片刻的宁静，让自己可以独处一隅，寻回心境的安宁。

20 世纪 20 至 30 年代，伊丽莎白·雅顿在美国、加拿大、欧洲和南美洲等地均开设了美容沙龙，那扇妇孺皆知的红漆大门实际上已经成为伊丽莎白·雅顿美容观念的标志，但公司的利润主要来自日益扩展的批发业务，排队购买化妆品的人络绎不绝。这样一来，那些紧张忙碌或囊中羞涩去不成美容院的女性都能用上雅顿的化妆品了。到 1930 年，伊丽莎白·雅顿已足以证明“美国只有三个品牌能享誉全球：可口可乐、辛格缝纫机和伊丽莎白·雅顿的香水”，而 1938 年更是她事业发展的顶峰。

20 世纪 40 年代，伊丽莎白·雅顿实现了童年的理想，当时《财富》杂志在论及她的魄力和努力精神时，这样写道：“她可以喝令太阳驻留，容她调制好合适的粉红色，她也因此而成为美国历史上迄今为止赚钱最多的女人。”

创始人◆

托马斯·巴宝莉
（Thomas Burberry）

创始时间◆

1924 年

公司所在地◆

英国·伦敦

英国风尚的代表

没有丝毫夸张，就能抵挡百载风雨，至今仍保持着一贯所秉持的传统精神而屹立不倒，它就是让人喜爱，甚至令人尊敬的英伦风尚代表——巴宝莉。

Burberrys

在当代人的时尚与生活方式不断变化的今天，令人惊讶的是有一种真正的“英国式生活艺术”，虽历经时代变迁，但却依然如故，这就是英伦家喻户晓的世界级品牌——巴宝莉。

巴宝莉品牌不但是身份、地位的象征，而且也被誉为“能够让人一生

永不落伍”的时尚之物。它既传统典雅，又充满现代气息；既苛求舒适安逸，又注重沟通融洽，激发人们享受惬意的愿望。它透过易于辨认的强烈特征再现着某个辉煌的时代，彰显出人文精神的基本特质。而巴宝莉香水更是秉承了其品牌的一贯形象，保持着自己的经典和高贵，将一流工艺的制作、耐久实用的性能与简洁大方、优雅精美相结合。无怪乎有人称巴宝莉的香水为思想深邃、品位高尚、内涵丰富、工艺精湛的艺术品，它确实是英伦文化的完美体现，代表着一种崇尚品位的生活艺术，充满了优雅自然的韵味。

巴宝莉所体现出来的生活艺术不仅因我们的创造者和造型设计师的现代性而卓越出众，更得益于悠久的文化传统，植根在丰富多样的英伦风格之中。巴宝莉香水是“感念过去，同时又展望未来”的。因为英国人往往钦佩那些能随着自我个性来做事的人，所以根据纯正英国人的作风，巴宝莉颂扬个体性并推出了一系列香水，它们超越了抽象和感性的范畴，体现了人性化的率真和对完美个性的推崇，充满现代的时尚风格。

巴宝莉风格香水，体现慵懒的优雅及休闲的风格。清新的东方木香，将多汁的青柑橘香味及新鲜切割的姜味与野蔷薇香和香柏的辛香混合，调制出自信、性感的男性气息。柔和、简洁、雅致是这一款香水的特色，清新的花果味香自然流畅，让人沉醉自我却不忘形。

铭记过去，巴宝莉香水让世人重返传统优雅的怀抱，其香水的创意完全是品质与精致美学的结合，使用时的清新感受就像指尖轻柔地滑过肌肤，或是徜徉在初生青绿草地上，那种愉悦快感就像将热情沉浸在高雅氛围中，体验舒适清爽的穿透式香水。又如漫步于雨后挂着露珠的草地或树林，清新惬意，其内在的轻松悠然的典雅气质，于不经意间流露出女性的柔

美。巴宝莉香水更注重今日的激情、活力和热情，以完美的态度追逐未来，这时的它恰似献给热爱大自然、追求美丽女性的一枚花环；又好像那弄潮儿习以为常、乐与为伴的一朵浪花，为人们不断注入新的年轻元素，摄人心魂、魅力无限！

Burberrys

永不落伍的时尚

在怀旧和创新兼具的今天，不管是正宗的巴宝莉品牌还是其他的潮流品牌，都乐意重新演绎这个古典优雅的格子，然而与众不同的是，巴宝莉还可以给你所想要的品位。

有人说，每一瓶香水都是一种文化，而很多香水品牌的产生，都是作为其品牌服装或首饰的映衬。巴宝莉，首先是英伦风格的风衣，它体现了一个时代的年轻与时尚。在这里，人们最不能忘记的是设计精良的风衣内衬，它的图案是一种格子，这格子成了巴宝莉品牌的商标，在欧美和全世界都被奉为高质、耐用的标志，这就是巴宝莉格子。

格子在英国可谓源远流长。考古学发现，最早的格子图案是在苏格兰中部出现的，距今有 1700 年的历史。英国的格子是家族标志的象征，不同大小颜色的格子代表不同的村

落、地方或家族。这也许要归功于英国国王乔治四世，他穿着苏格兰格子巡视了苏格兰，并且宣布“让所有英国人都穿着自己的格子”后，英国人开始纷纷为自己的姓名设计格子图案，到了今天，英国“知名格子注册中心”注册的格子已经数以千计了。但是，不容置疑，巴宝莉格子是其中最有名的格子。格子标志是巴宝莉的招牌图案，保守、传统、古典的设计风格是巴宝莉品牌留给人们的最初印象。这种由浅驼色、黑色、红色、白色组成的三粗一细的交叉图纹，不张扬、不妩媚，自然散发出成熟理性的韵味，体现了巴宝莉的历史和品质，甚至象征了英国的民族和文化。格子图案是巴宝莉家族身份和地位的象征。在怀旧和创新兼具的今天，巴宝莉的格子风格成功渗透到从服装、配饰到居家用品的各个领域，历经近百年而盛名不衰。

格子图案自 20 世纪 20 年代起就成了巴宝莉的标志，故而巴宝莉香水的风格也是帅气而硬朗的。如果我们把巴宝莉香水具体化为巴宝莉的精神，那就是清爽和不矫饰，这种精神只来自确实性的自信。巴宝莉总是自然流露出毫无节制的时髦，但除此而外，它所体现出的不可预料性、不平凡性又巧妙地表现出一种有意味的英式幽默感。

这一格子图案自 20 世纪 20 年代起就成了巴宝莉的标志，故而巴宝莉香水的风格也是帅气而硬朗的。如果我们把巴宝莉香水具体化为巴宝莉的精神，那就是清爽和不矫饰，这种精神只来自确实性的自信。巴宝莉总是自然流露出毫无节制的时髦，但除此而外，它所体现出的不可预料性、不平凡性又巧妙地表现出一种有意味的英式幽默感。巴宝莉香水既具体化了现代英国人的怀旧风格，但又不乏现代的热情和活力，甚至还富有冒险精神。香水，吸引了我们的嗅觉，而瓶樽的设计，延续了我们视觉的享受。巴宝莉的每一个瓶樽都是大师的经典杰作，融合了品牌本身的特色和气质。简约的瓶身是巴宝莉格子风格的

继续，其硬朗的线条，隐含了男士的体态，于帅气方正中透露出绅士的温情脉脉。

巴宝莉代表一种崇尚品位的生活艺术，它保持一贯优雅自然的韵味，传统的方格在新时代设计师的精雕细琢下，也呈现出透着时代气息的品牌新貌。这个具有典型的英国传统风格的品牌已在世界上家喻户晓，就像一个穿着盔甲的武士一样，保护着大不列颠联合王国的时尚文化。在格子的天空下，任何突破平凡的创意都值得受用，它将一直演变出无限的英格兰风情。

Burberrys OF LONDON

来自英伦的香水风情

在世界上诸多香水品牌中，恐怕没有哪个香水品牌可以如同巴宝莉那般，既具备乡村风情又有城市格调，并且流行和经典并存。

巴宝莉公司最早的一瓶香水是1924年推出的一款集玫瑰、茉莉、橘花之香的淡香水，此款香水受到当时人们的普遍欢迎，不过，巴宝莉的经典香水是在20世纪90年代后不断推出的。它的第一款女用香水是1996年诞生的“伦敦”，清新的果香调成为当年度的经典之作，其清爽、自然与和谐的典雅气质，流露出女性俏丽的一面。

1998年，巴宝莉公司推出了巴宝莉“周末男女”香水系列，它那时尚清雅的气息，给人以轻松自在的感觉。周末香水系列的设计灵感源自于人们对于周末假期的期待与愉悦心情，因为家人聚会或者与情人浪漫出游，总是让人感觉很幸福，周末女香正是这样一款清爽、充满活力的香水。永恒典雅的瓶身造型上，有轻微的曲线纹路，金属的瓶盖也更显自然。

对知识经济时代的中产阶层而言，顶级奢华也许太过遥远、太过铜臭，但能力可及范围内的生活品味却不能不顾，巴宝莉于2000年推出的新香水“触摸”，就试图传达这样一种和谐的智能品位。调香师结合柔和中带有香料味的前味、香甜的中味，再衬上木质的后味，为“触摸”打造出清淡的东方色彩，充满了光彩与活力。其瓶身设计灵感来自古时织布用的螺纹线轴，梯形玻璃瓶身上留有木纹的山毛榉瓶盖，而男用装与女用装设计上下相反，故并列时可紧密结合不留缝隙，相当别致。“触摸”系列强调舒服的感觉，散发出来的气息令人联想起赤脚踏在草地及细沙上的感觉，或是午后滴着露水的鲜花。当沉浸在其淡淡的气味中的时候，你可以感受到亲切怡人的芬芳。

在2002年秋天，英国时尚品牌巴宝莉延伸了“触摸”系列的产品线，推出了新款的宝宝专用香水——“宝宝触感”。名字已表达了一切，这是一系列在创作时脑海中想着可爱小婴孩的清幽芳香产品，每件产品的设计都是用以称颂小婴孩最为喜爱的被触摸感觉。巴

宝莉推出这支专为妈妈与宝宝设计的香水，不论是外盒的包装或是香味本身的诠释，让人们始终有种耳目一新的清新体验。继2002年成功推出“宝宝触摸”之后，巴宝莉在2003年夏天推出了女性香水“柔情触感”，这款洋溢着浓郁花香味道的女性香水，是为使巴宝莉“触摸”系列更完美而研制的。其桃红色透明瓶子的外形从螺纹线轴中取得灵感，象征巴宝莉手制衣服的根源，而外盒上的巴宝莉商标格子图案同样呈现出桃红色调。这款香水还采用了亚洲地区最受女性朋友欢迎的香甜花果气味，整个香调熟悉而又清新，使人感觉犹如投入了大自然的怀抱，一阵阵芬芳轻轻拂过，将带领你到生命中最难忘的那一个春天。如今，巴宝莉已经以其不朽的风尚，成为了一种生活品质的象征。今天的英国巴宝莉，明天将是世界的巴宝莉。

Burberrys
OF LONDON

伟大事业的创造者

很多出名的品牌创始人的故事我们都可以称之为传奇，但托马斯·巴宝莉却是英国时尚界乃至世界时尚界华实兼备的产品的灵魂之一。

巴宝莉最初是英国老资历的服装品牌，它带有一股英国传统品牌的设计风格，以独家的布料、经典的格子图案、大方优雅的剪裁，赢取无数人的欢心。由于创始人托马斯·巴宝莉生于英国，受到英式教育的洗礼，有着典型的英国气质，因此使得巴宝莉品牌能够在继承英式传统设计理念的基础上，继续将其发扬光大。

年仅21岁的英国年轻人托马斯·巴宝莉在一次闲谈中，觉得应有一种可防风、抵雨的雨衣，于是，他在1879年研制出了一种新布料，正是凭借这种布料，巴宝莉赢得了大家的认可。此布料的研制成功纯属偶然：托马斯·巴宝莉发觉当时的牧羊人，身上穿的麻质罩衫竟有冬暖夏凉的奇妙特性，便决定从中取经。经过几番研究，他以独特的手法，制成了一种防水、防皱、透气耐穿的布料。当时，托马斯·巴宝莉给这种布料起名为“gabardine”，并以此字作为巴宝莉的注册商标达40年之久。直到今天，巴宝莉制作轻便、防水服装的方法仍是个秘密。1891 年，托马斯·巴宝莉在伦敦开设了一家分店，沿袭并巩固了他原有的风格，巴宝莉的故事就此诞生。

托马斯·巴宝莉研制的防风雨质料，顺理成章地成为各种运动服新兴的用料，高尔夫球衣、滑雪服等，举凡和户外及天气有关的运动服，都使用托马斯·巴宝莉发明的布料，就连众多探险家、航海家或飞行家都仗着以他这种布料制成的衣服到极地探险。同时他亦被委任负责以他的布料为英国军官设计新的制服，于是他设计了功能性的 tielocken coat，后来亦成为了巴宝莉品牌最经典的“制服”。原为军用的“制服”被军官带到民间社会，迅速流行，托马斯·巴宝莉的“制服”顿时成为英国人防风抵雨的舒适“武器”。其后，在托马斯·巴宝莉的领导下，巴宝莉公司的发展一日千里，所生产的防风雨衣连皇室也乐于采用。即使到今天，巴宝莉品牌深入民心的形象，仍未被改变。有人形容说：“如果西方的天空被一块巨大的乌云笼罩，下起绵绵雨丝，那么，从总统、高级白领到新锐娱乐明星就有了一个共同特点：都穿巴宝莉的风雨衣。”它的代表性甚至还表现在英国的字典中，“gabardine”的释义就是一种雨衣。凭着传统、精致的设计风格和产品制作，1955 年，巴宝莉公司获得了由伊丽莎白女王授予的“皇家御用保证”徽章。1967 年，巴宝莉开始把它著名的格子图案用在了雨伞、箱包和围巾上，愈加彰显了巴宝莉产品的特征。后来在 1989 年，巴宝莉公司又获得了威尔士亲王授予的“皇家御用保证”徽章。

如今的巴宝莉涉足的并不只有服装业，它所创造的香水品牌在世界上更是首屈一指。这个极易引起人们浪漫遐想的品牌，有着近 100 年的历史，当众多高级香水回归奢华瑰丽的风尚时，年老一代只有从巴宝莉中才能寻回真正传统的香味。

登喜路

dunhill

创始人◆

艾尔弗雷德·登喜路
（Alfred Dunhill）

创始时间◆

1934 年

公司所在地◆

英国·伦敦

英伦的俊逸之风

奢华是一种信仰，从 1893 年登喜路打开奢华的魔法之门那一刻开始，登喜路就给男人一种奢华的诱惑，让他们在月亮背面窥视自己的优雅与细腻。

21 世纪的今天，人类已进入了一个满载信息的时代，男人更被迅速而喧嚣的节奏推向了潮流前沿，此时此刻，惟有登喜路香水能够把男人们对物质欲望的需求推向更高的层次，把男人的魅力推至最高潮，尽显男人真我本色。此时此刻，也唯有登喜路香水能够满足男人个性化、自我表达的需求，让男人尽情展现、散发他的单纯和热情。

堪称艺术杰作的登喜路香水每一处都经过精心雕琢，每一款香水都拥有独特高雅的特质，都是动人心弦的时尚艺术品，并结合了智力、美学和细腻的技艺。独到的设计、高贵的品位，显示出登喜路对追求完美的坚持。登喜路香水始终透露着英伦奢华的满足，充满男性魅力和英国绅士风格。其设计简单，线条流畅，富于动感；其风格含蓄内敛，斯文优雅，全新展

示现代英伦时尚风范，是“经典”与“现代”的完美结合。登喜路香水符合了现代风貌千变万化的需求，是热爱自由、享受时尚的现代新锐的完美写照，时时散发着震撼人心、难以抵挡的诱惑。它所代表的意义，早已不止于作为提升生活品位的品牌而已，而是蕴涵着激发、拓展人类灵感经验的理念。

犹如老牌绅士的登喜路香水，一直在遵循其创始人的技艺要求，本着“所有产品必须实用、可靠、美观、恒久而出类拔萃”的品牌理念，登喜路在用手工拨动着历史的琴弦，它周到的细节设计为人们的生活带来无限惊喜，而它的实用功能更是让人体验到前所未有的便捷感受，令每一位拥有者惊喜连连，爱不释手。这是一个总可以令人放心的香水经典，一直以来，登喜路都拥有一份忠实而尊贵的顾客名单，他们中的每一位都是当时流行时尚的引领者，其中包括年轻的威尔士亲王，以及随后向登喜路颁发皇家委任状的温莎公爵。登喜路之所以能在今日取得如此傲然于世的显赫成就，基于其创始人艾尔弗雷德·登喜路对工艺的一丝不苟和执著追求的精神，是他为登喜路的百年伟业打下了牢固而坚实的基础。

dunhill

体验奢华格调

登喜路香水符合现代人对生活、对未来和对艺术享受的要求，一直是全球各地追求品位的人士极想拥有的藏品。

英国的时尚名牌登喜路自问世以来，百余年因为秉承其“所有产品必须实用、可靠、美观、恒久而出类拔萃”的宗旨，在林林总总的香水历史舞台上，以其超凡的精致、高贵

犹如老牌绅士的登喜路香水，一直在遵循其创始人的技艺要求，本着“所有产品必须实用、可靠、美观、恒永而出类拔萃”的品牌观念，登喜路在用手工拨动着历史的琴弦。

的气质，为社会各阶层成功而富有的男士所推崇，不论时尚如何风云变幻，登喜路总是走在精致生活的最前端。

男人相信与欣赏的情绪往往是从认同格调开始的，与其说是社会角色赋予了男人这样的性格特征，不如说是男人将体内的“炫耀细胞”管理得更加内敛、妥善。每个男人都有征服欲，甚至征服自己，只是这种征服不靠暴力，而要靠格调。登喜路一脉相承地以自己的格调在炫示男人的骄傲，它的白色色调一如男人在优雅伫立，平静而骄傲，黑体字“Dunhill”成为识别登喜路的最显著标志。征服男人的征服欲望，这是男人与登喜路之间的博弈，而男人却乐此不疲，仿佛是永远逃脱不了的魔咒。

登喜路以各种形式彰显格调，典藏着男人的魅力，令男人的每一根神经都兴奋着,然而又含而不露，欲“遮”还休，让你来不及去揣测，就已迷失了自己。一款精致的登喜路打火机上，毕加索深情地雕刻了他对心上人无以复加的爱恋；一款登喜路特制烟盒，都堪称陈列珍品中的典藏，镶嵌着四款宝石的英文首写字母拼在一起，成就了那个最令人陶醉的称谓——DEAR。登喜

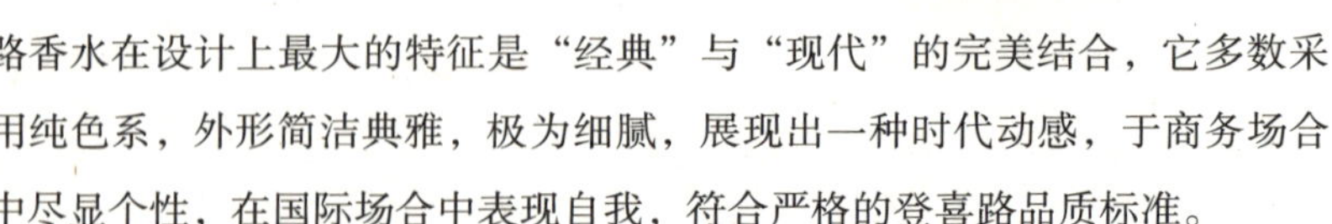

路香水在设计上最大的特征是“经典”与“现代”的完美结合，它多数采用纯色系，外形简洁典雅，极为细腻，展现出一种时代动感，于商务场合中尽显个性，在国际场合中表现自我，符合严格的登喜路品质标准。

从气味、设计概念到内涵，登喜路香水都可以令人感受到自己的经典灵魂，让使用登喜路香水的男性散发出沉稳的魅力，为他们的生活增添一份欣赏的趣味，一场品位的享乐。登喜路的创始人艾尔弗雷德·登喜路使登喜路采取了奢华格调，他认为世上总有一些人愿意为产品的卓越品质而支付额外的费用。艾尔弗雷德·登喜路有一种很简单的经营哲学，他说：“我在汽车配饰产品方面取得的成功，同时证明了如果我们的产品能够完全满足上层人士的期望，那么盈利只是一个时间问题。而且相对于卓越的品质，

价格并不那么重要。或许登喜路应该多在广告上花些精力以争取更多的新客户，但前提是要最大限度地满足现有客户群的需求和愿望。”几乎每个人都很喜爱登喜路的香水，享用登喜路的雪茄，同时希望通过登喜路的手表来知晓时间，用登喜路的钢笔和文具给亲朋好友写信。

一直以来，登喜路都具有敏锐的应变能力，它总能掌握时代，配合新需求，满足任何严格和完美的人士。登喜路男人，是一个满足于自我及所处的地方的男人，一个怡然自得于世界的男人，他能精准地掌控自己的生活，并自在于所处的环境中。当伫立于敞开的窗前，面对着水晶般天蓝的海洋及钻石般水蓝的天空，身上白色亚麻衫随风翻飞着。他往往深吸一口气，将自己从日常的压力中抽离，然后感受登喜路香味的自在！

dunhill

男人生活的代言人

登喜路将其简单的设计风格、完美无缺的香味和无与伦比的制作工艺巧妙结合，创造出极具现代英伦风格特色的时尚香水系列。

登喜路是一个来自英国、历史悠久的男性精品品牌，创始人艾尔弗雷德·登喜路以制作马具及马车窗帘起家，之后凭借个人敏锐的直觉，依市场的不同需要陆续生产其他多元产品，例如皮革制品、烟草、香水及各式男性精品，包括打火机、烟斗、手表等。1914 年，第一次世界大战开始，登喜路的许多顾客都要服兵役，购买烟斗及烟草的订单不断从西边前线寄来。此时，登喜路会多寄一些烟斗免费供给其他军官，印了些写有“麻油”的标签贴在包裹上，这样就没有人会偷，烟斗自然平安送到军官手上。

“受战火摧毁”的烟斗经常要寄回登喜路修理，最常见的是要求更换烟嘴。这些烟嘴全是人工制造的，但安装的人未必知道哪一面是上面，所以有时会错把烟嘴上下倒过来安装。为了解决这个问题，登喜路在烟嘴的上面加上白点为记号。不久这白点就成为登喜路的标志，无意中确立了登喜路为世界最佳烟斗的标记。此时登喜路的名声已甚为稳固，它的品质及服务水准吸引了富人及名人光顾。登喜路香水精致优雅又不失实用的设计，在市场上不只受到男性顾客的喜爱，更成为女性顾客在为家人或伴侣挑选礼物时的最佳选择。

登喜路在 1934 年推出了自己的第一款香水，这是一款男用古龙水，现在一般被称做“原始登喜路”。1984 年，登喜路推出旗下另一款男士香水——“黑色男香”，此款香水属清新柑橘调，个性鲜明，尽现男性本色，成为 20 世纪 80 年代热门畅销的男士香水之一。使用此款香水的人必是个懂得运用自己魅力的男人，而且对于香味通常是十分挑剔而执著的，因为每一份“黑色男香”的味道都能为他披上自信的外衣。

2001年，登喜路勇攀高峰，推出全新香水“自我”，新颖的瓶盖设计，展现出独特的男子气概，前调运用丝柏枝、葡萄柚、碎绿叶等，中段采撷玫瑰、莲、鸢尾草的精华，后段吸纳琥珀、麝香、檀香等，其香味充满自我风格，清新而爽朗、性感而怡人，让男人漾着真我的风采，最适合那些拥有自我风格的性感男人。而登喜路“香调”则是知名时尚品牌登喜路的又一旷世巨作，这是与登喜路品牌同名的一款香水，其优雅高贵的瓶身，足以令所有人惊讶不已。在这款香水中，登喜路设计师奇巧的设计与香调的诠释都有了崭新的面貌，优雅流畅的线条打破了登喜路旧款香水的平实风格，瓶身圆弧后仰却又能取得绝佳的平衡，清爽淡雅的味道，让人忍不住有靠近的欲望，一别以往的清新气息。

登喜路的创始人艾尔弗雷德·登喜路采取了奢华格调，他认为总有一些人愿意为产品的卓越品质而支付额外的费用。

2003年，登喜路的魅力男士香水以清新木质调和偏中性的味道，重新定位了英国绅士形象。2005年，“恣意”以清新草香调为主轴，搭配蓝绿色，展现都会男子有如海天般的宽广胸襟。其带着明亮水纹浮雕线条的水蓝色外盒包装，搭配摩登的水晶瓶身，当中盛满了水蓝色液态香水，雅痞风十足，恰如其分地演绎出登喜路的品牌精神。“恣意”呈现出都会男子在休闲时的愉悦与放松的节奏，使人在慵懒的时候，只想跳进海里，让蓝蓝的海水包围着自己，顷刻间找回自己的能量。

带着浓浓绅士味的登喜路香水的确令人赏心悦目，它从来都是要把完美奢侈和细节做到极致，这是登喜路使用了多年的生产原则。如今，登喜路已逐渐成为享誉世界、可提供多种不同配饰产品的时尚品牌，而它的香水也因此拥有了常盛不衰的活力与生命。

dunhill

一个冒险和奢华的创始人

艾尔弗雷德·登喜路总是能够事先预测到人们想要购买什么样的产品，他创立了深受欧洲各国皇室和娱乐界人士推崇的经典品牌，在美国也取得了令人瞩目的成绩。可以说，他的一生是成功的一生。

登喜路的历史是一段奢华与光辉并存的历史，这一切都离不开其创始人——艾尔弗雷德·登喜路。艾尔弗雷德·登喜路出生于一个经营马具的商人家庭，专门供应来往旅客鞍具、马衣、马房用品，这主要是因为当时的交通工具仍以马车为主。1893 年，他从父亲手上接过专门经营马具的家族企业后，虽然年仅 21 岁却已有不凡之见，立刻着手进行改革。他先是变更经营理念，并以实用、可靠、美观、恒久且出类拔萃作为企业遵守不渝的原则，并一直保持至今，这样的坚持让登喜路的产品不但以艺术杰作闻名，更成为英式优雅的绅士象征。

艾尔弗雷德·登喜路的伟大事业开始于 20 世纪早期的伦敦。那时，关于限制开车的不合理法规条文已被取消，年轻的赛车手们已经可以真正地放开手脚，将他们的汽车驾驶到极致，从而尽情享受一种前所未有的愉悦而刺激的感受。当然，驾驶这种由高噪音发动机驱动的敞篷车旅行，肯定需要配备一些特殊的服装，而艾尔弗雷德·登喜路正是提供这种装备的人。1902 年夏天，艾尔弗雷德·登喜路开设了一家叫做“登喜路驾车族”的旗舰店，并很快获得了巨大的成功。随后在 1904 年，登喜路又开设了另一家精品店。同年，登喜路在水晶宫举办的国际服装、面料和纺织品博览会上赢得了“驾乘专用服饰”的金奖。

艾尔弗雷德·登喜路在揣测客户消费心理方面还是个不折不扣的天才。汽车配饰系列的成功和他洞察先机的天赋、本领有关，更重要的是，他还是一名忠实的驾车爱好者，甚至有点狂热。

1903 年，艾尔弗雷德·登喜路因在公路上以 22.5 英里（远远超过了当时每小时 12 英里的限速）的时速驾驶汽车而被警察抓到。随后，艾尔弗雷德因这个事件，发明了颇有争议的“警察探测器”。这种探测器从外观看像是一种介于驾车护目镜和双筒望远镜之间的过渡产品，它的问世成为了艾尔弗雷德·登喜路与警方争执的焦点。登喜路为客户所提供的这种新产品非常有趣，有了它之后，即便是警察将自己伪装成彬彬有礼的绅士，汽车驾驶者也可以在半英里之外就发现他们的存在。在为这种超值的服务支付 42 或 63 先令后，20 世纪初的石油巨头们便有了充分的时间来调整他们的车速，以便在行车途中尽情地享受时速 12 英里以上的驾驶乐趣。

英国的时尚品牌登喜路自问世以来，大师傅科年因为秉承其“所有产品必须实用、可靠、美观、恒久而出类拔萃”的宗旨，在林林总总的香水历史舞台上，以其超凡的精致、高贵的气质，为社会各阶层成功而富有的男士所推崇，不论时尚风云变幻，登喜路总是走在精致生活的最前端。

艾尔弗雷德的兴趣相当广泛，当一位顾客向他抱怨驾驶敞篷车时烟斗往往被风吹熄后，他便设计出设有风挡的烟斗。1907 年，他在伦敦公爵街开设烟草专门店，除出售烟斗和手卷香烟外，还提供按客人的不同口味调混烟叶的服务。艾尔弗雷德还研制出打火机，他研制出第一款打火机是在 1920 年，此款打火机甚至成为登喜路的代名词，它用一个圆形芥末盒制造，名为“不同凡响”，正是物如其名，因为它保证每次打火即着，每次如此。这是革命性的突破，因为以前的打火机都有不可靠之处。它也是第一个单手拿着、同时打火的打火机。在随后的几年间，他把自己的产品战线拓展到体育用品和航空产品系列——为航空驾驶人员设计、生产服装和装备。

从艾尔弗雷德·登喜路于 100 多年前在肯地特大街开设他的第一家汽车配饰产品专卖店开始，到 21 世纪初所赞助的国际汽车赛事，无畏的冒险精神贯穿了登喜路人生发展历程的始终，并已成为登喜路的风格和特点。正是凭借其冒险精神，再加上对时尚独到的理解，才造就了登喜路辉煌的今天。

唯美风格的展现

创始人◆
福原有信
(Arinobu Fukuhara)

创始时间◆
1918年

公司所在地◆
日本·东京

在资生堂的香水童话里，生活是唯美而浪漫的。它融合了奢华与优雅，让人们在其独有的浪漫气氛中沉迷。

SHISEIDO

穿越了百年的沧桑，“资生堂”这一品牌依然风华绝代，散发出独特的神秘魅力。有人说，选择了资生堂香水，其实就是拥有了一个梦想。没有一个女人能够在这一瓶小小的魔力精灵面前不动心。无数的天地精髓、时尚风华、钟灵毓秀于这盈盈一握之间，幽幽一缕，引领你内心奔向永恒的想象国度，这正是资生堂香水永恒的魅力所在。

资生堂的香水广告是一个要让你过目不忘的画面：冷艳前卫的浓妆眼角，旁逸斜出一丛水墨梅花，浓烈、神秘而又浪漫的东方情调，西方化的外表下，东方的灵魂在画面深处游走。如此的女性形象实在是优雅到了极致，同时散发出魔力，极端前卫，这就是资生堂，具备所有女性最渴望拥有的奇幻元素。

追求唯美的资生堂在点滴之处透露着其对美的独特诠释，尤其是对东方美的深刻理解。在资生堂早期的香水作品中，都把日本女性的柔美风姿和迷离情调表现得淋漓尽致，使得产品和品牌的形象独具韵味。20 世纪 90 年代，资生堂正式推出“装饰人类的科学”的香水理念口号。从“人”、“装饰”和“科学”这三个各自独立的关键词中，明确展现出资生堂香水致力于提升生活品质的特质及追求美学、健康和幸福的一贯理念。今天，历经百多年的发展和在艺术领域里的不断创新，资生堂仍旧坚持着追求至真、至善、至美的品牌理念，这种精神也使资生堂永葆昌隆的声誉。

SHISEIDO 美的文化

美的概念随着时代在变，爱美的资生堂也是。只不过，它往往以领先一步的姿态出现。

创立于 1872 年，已经有 100 多年历史的化妆品老店——日本资生堂化妆品公司，在经历了初创期、第二次世界大战空白期、战后恢复期及高度成长期之后，仍维持自创立以来对美学和视觉哲学的坚持，并将其融入管理理念中，从而成为该公司的企业特质。

“资生堂”的名称源自中国儒家经典《易经》——“至哉坤元，万物资生，乃顺承天”，其含义为孕育新生命，创造新价值。这一名称正是资生堂公司形象的反映——将东方的美学意识与西方的技术及商业实践相结合的先锋。1916 年，资生堂成立了设计部门，专责产品包装和宣传。自此，资生堂以富有独特装饰艺术风格的字母来设定资生堂这一名字的外貌，并以山茶花作为公司标志，再加上富有阿拉伯色彩的花叶阔形来装饰自己的产品瓶身。资生堂的品牌

SHISEIDO

形象，因此有了一定的雏形。时至今日，虽然山茶花和阿拉伯图纹已不复存在，资生堂的字体亦曾两度修改，但现在所见的“Shiseido”字样，亦与当年非常相似。以药房起家的资生堂，在现今的全球香水市场中占有重要地位，它以其独特的东方韵味征服了亚洲乃至世界爱美一族的芳心。资生堂把追求人类的美丽和健康看做最大的梦想，它高品位的产品形象首先源于对不同层次消费者需求的悉心了解，资生堂的产品不仅“体贴不同岁月的脸”，也安抚了人们不同的心理感受，其风格优雅而前卫，神秘而抽象。在“装饰人类的科学”这一理念指引下，资生堂创造的女性形象，都似真还假，既虚无又实在，从而塑造了结合东方与西方美的全新女性形象。这种似乎有点理想化的女性不仅走在时尚潮流的尖端，而且十分了解自己的性格特质和自己的潜在能力。而资生堂的香水就是为这些忙碌的现代女性在疲惫中召唤活力，焕发精神，提升足够的信心和力量而存在的，从而塑造出她们充满朝气的形象，这也恰恰是资生堂品牌的精粹所在。

女人天生就应该是美丽的，也许这个世上根本就不存在比女人的美丽更美丽的美丽。日本资生堂化妆品公司的诞生，也许就是为女人的美丽而来的。在资生堂数以千计的产品中，我们能够感受到它将先进技术与传统理念相结合，用西方文化诠释含蓄的东方文化的内涵实质。同时，如果认真地浏览资生堂数十年来所做的香水，我们能真切地体味到那唯美主义的视觉哲学所带来的关于美丽的感觉。

对于美学的一贯坚持，是资生堂品牌的鲜明特点。资生堂以各种方式来倡导他们“美的文化”，正如植村秀先生所倡导的：“美是一种精神状态，一种生活态度，一种发掘内心的需要，并致力于创建自身与外界间和谐关系的行为。当你以这种态度去感召顾客时，你就一定会为顾客创造出美的体验，而美的回馈也许就在其中。”时值今日，发展历史超过100年的资生堂公司，仍然以“时代之美的意识”代言人身份作为自己的无上光荣和骄傲。资生堂相信，美不仅仅停留在表面，内在美和精神的和谐才是最高的境界，这也是资生堂历经一个多世纪的风雨仍然能够不断延伸和发展的根源所在。

资生堂的香水广告是一个要让你过目不忘的画面：冷艳前卫的浓妆眼角，旁逸斜出一丛水墨梅花，浓烈、神秘而又浪漫的东方情调，西方化的外表下，东方的灵魂在画面深处游走。如此的女性形象实在是优雅到了极致，同时散发出的魔力，极端前卫，这就是资生堂，具备所有女性最渴望拥有的奇幻元素。

SHISEIDO

艺术与技术的融合

品位是潺潺活水，让生活色彩化、艺术化、精致化。资生堂的百年历史，就是追求品位、建立起引领潮流的创新精神的过程。

资生堂从事医药业的历史可追溯到19世纪，1872年，福原有信在东京建立资生堂医药公司。1918年，来自于菊花、紫藤、洋李和夜来香等日本花卉的灵感促使资生堂开发了第一款为公司建立声誉的香水。无论是香水本身还是香水瓶身典雅的设计都散发着独特永久的魅力，从此开始了资生堂的香水时代。20世纪60年代，它的第一批出口香水产品就漂洋过海销往美国。20年后，又打入欧洲市场。1957年，资生堂开始开发国外市场，主打产品是在1965年推出的“禅”香水，它是一款全日本香型的香水，香气淡雅，其主要特质是以竹香、紫罗兰、鸢尾花、丁香花、茉莉花以及玫瑰表现宁静和自然的特质。“禅”瓶上和包装盒上精致细腻的金色花叶非常经典，灵感来自于16世纪的京都神庙。“禅”香水受到禅的启示，充满浓郁的东方文化色彩，追求一种心灵和肢体上的完全放松，给人引发心灵平静的感觉，并能达到减压效果。

在欧洲和美洲市场，资生堂公司有很多的香水推出，如1992年推出的“女性八音盒”，这款香水被形容成“纯粹、敏感的香水，灵感来自女性的力量”，香水的调子里面有杉木香贯穿始终。它适合多种场合，是为了传递一种幸福的感觉。1998年，资生堂推出了“练声”，这款香水以清新花香的东方香型而著名。它使用了一种新配方，其淡淡的香味如少女情怀，弥久留香。多角度的瓶身设计，呈现出比普通香水瓶更丰富的形状，象征着女性风情万种的另一面。

资生堂一向重视产品中艺术和技术的融合。1960 年，资生堂公司建立了资生堂设计室，由许多著名艺术家组成。资生堂还是芳香学的先锋，香料的属性、效果和作用，特别是其安定和提神的作用是芳香学的研究重点之一，比如能散发出香味的芳香时钟，可以在唤醒你的时候让你感到轻松愉悦；还有专门在工厂里用的香水，它可以使工人的压力得到缓解。资生堂公司在这方面的研究可谓成绩卓越，1997 年，公司推出“放松”香水就是这种研究的直接成果。这款香水的特别之处就在于，它由多种东方鲜花、香草、香料提炼而成，在给予你一种融于大自然的感觉的同时，也平滑、滋润着你的肌肤。它强调了香水中的馨香调，这是超越于芬芳之外的幽香，资生堂希望藉此提供给使用者“一个闲适的世界和新奇的感觉”。面对现代生活所带来的紧张和压力，或许真的只有“放松”香水才能使你放松、舒缓、释放自己。

兼收并蓄是资生堂的特色，尽管它在全世界有了响当当的名气，但仍不忘通过介绍西方文化与融合东方文化来增强自己的实力。自 1992 年起，资生堂依次将“三宅一生”香水、“让·保罗·戈蒂”香水、凯伊黛美容护肤用品等诸多国际名牌纳入自己的旗下。资生堂公司目前是世界上最大的化妆品公司，在日本本土，除了厂房、博物馆，还有整栋的资生堂大厦，它的业务除售卖化妆护肤品以外，更有衣物配饰，以及酒、糕点等。或许，资生堂的故事不仅是一个香水的故事，更是它美丽着这个世界的故事。

SHISEIDO

永远走在潮流尖端的先锋主义者

福原有信怀着建立日本前所未有的医药分类系统的伟大梦想，吸收了东方文化和西方文化的精髓，缔造了一个代代相传的美丽神话。

1872 年，曾任日本海军首席药剂师的福原有信在日本的文化潮流中心——银座，开办了日本第一家西式药房，也就是今日“资生堂”的前身。由于当时的制药素质参差不齐，普通大众多数以服用草药为主流，福原有信却反其道而行，引进西式的制药理念，并以诚恳专业的研究为基础，令资生堂成为药剂业的先驱，更逐步发展成为日本历史最悠久的企业之一。

1897 年，福原有信推出他的第一款化妆水，资生堂公司从此正式宣布进入化妆品领域。而人们也不再说它不务正业，反而把资生堂看做是发布最新时尚讯息的“消息树”，这使得资生堂除了出售一些高素质的药物外，同时更引进西式的专业制药理念，研制出高

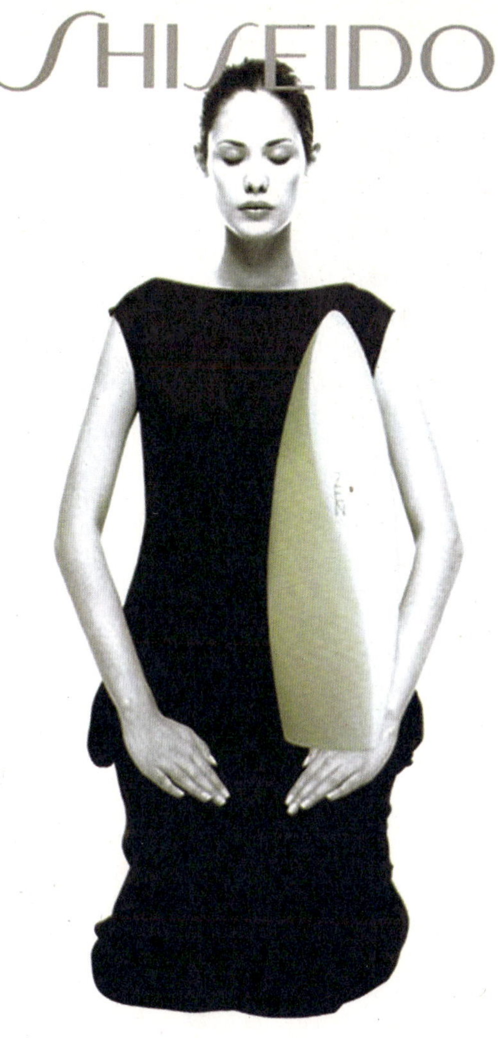

素质的美容用品，再配合一系列宣传手段。这在当时的社会十分罕见，时间不久就掀起了扮靓热潮，资生堂的产品也因此成为不少女性最喜爱的护肤品。1910年左右，福原有信开始把全部精力投注在化妆品生意上。当时，他参加了在巴黎举办的万国博览会，对异国文化的丰富多彩大感兴奋与惊讶，决心将这种文化风格带回日本，与自己的企业相结合。几年后，他派儿子福原信三先赴美国学习医药专业，再赴巴黎游历一年。福原信三回到日本后的20年，资生堂从产品到形象都产生了根本的变化，使得资生堂的形象既有东方格调，又有西方尊贵的气质。

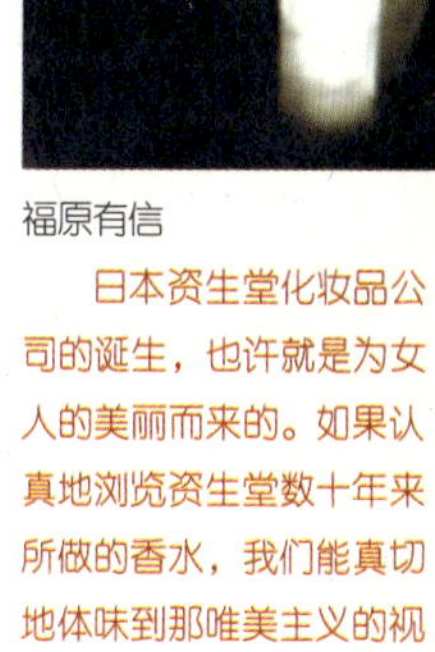
福原有信

日本资生堂化妆品公司的诞生，也许就是为女人的美丽而来的。如果认真地浏览资生堂数十年来所做的香水，我们能真切地体味到那唯美主义的视觉哲学所带来的关于美丽的感觉。

经过这番学习与准备，在福原有信领导下的资生堂才逐渐转型成为代表西洋美感的专业化妆品企业。接踵而至的成功让福原有信产生了做百年老店的雄心。为此，他确定了资生堂的经营理念：品质、分享、尊重、稳定和真诚，力求让产品说明一切。他的这种努力不仅是为了在技术和质量上达到高标准的要求，而且也是为了符合美学和创造性的标准。

虽然福原有信自称是“掌握时空的人”，但是他的表现方式似乎早已超越了时空，并在他辉煌的创业历程中散发出一股恒久长远的特殊韵味。

兰蔻

创始人◆

阿曼德·佩提让
（Armand Petitjean）

创始时间◆

1935 年

公司所在地◆

法国·巴黎

优雅浪漫的芳香玫瑰

天地间，兰蔻清新、甜美而且带有个性的基调，代表着曙光与希望，触动了你心灵的深处，就像是一曲神秘的旋律，以温柔的言语拨动心的琴弦。当你选择兰蔻香水的时候，它也向你传达了一种生命的气息。让生活的艺术沐浴在简约的柔和情调之中，融入那精美的优雅之中，这就是兰蔻向整个世界献出的玫瑰。

法兰西是生活艺术与快乐和谐一致的国度，独特的氛围孕育出别样的激情。诞生于时尚、文化和爱情之都巴黎的“兰蔻”，蕴涵着稀世的优雅。在几十年的时间里，它如同一束芬芳的玫瑰花，以独特的品牌理念实践着对全世界女性“美的承诺”，散发着迷人的气息，释放出无限的魅力与生命力，成为闻名世界的经典香水品牌。

玫瑰是兰蔻的标志，也是兰蔻完美的化身，更是兰蔻的灵魂所在。自从创始人阿曼德·佩提让缔造兰蔻品牌的那一刻，婀娜多姿的玫瑰就活在其骨髓中，它那非常法国的名字——兰蔻，也是因一座充满四周开满玫瑰花的美丽城堡而得名。兰蔻香水始终萦绕着玫瑰的主题，不仅香水的味道是玫瑰的馥郁花香，连包装设计和香水的颜色也流动着玫瑰的花魄。经典香水，沉香悠远，散发成熟温婉的情调与优雅气息，使见到它的人会情不自禁联想到玫瑰的倩影。

世界给予它所有，它也赋予世界一切。兰蔻香水要诠释的是一种浪漫的气质，每一秒都是它自身创造的浪漫。一枝富于活力与启示的香水玫瑰，美丽、自信而知性，每分每秒都在演绎着奇迹，前调、中调和后调达到了完美的平衡，呈现出恒久美妙的光辉。也许，兰蔻早已不仅仅是一款香水，它是情感具体的传达，更是一种幸福的梦幻，以采撷自花之精粹的芬芳诠释生活的真正精髓。它通过巨大的热情和非凡的才干，在美丽的缪斯女神和淡雅芬芳之间树立起一道丰碑。

科技打造的魅力品牌

兰蔻不仅仅是一款香水，更是一种幸福的梦幻，以采撷百花之精粹的芬芳诠释生活的真正精髓！这充满魔力的芳香，属于欢乐、自信、时尚的女性。

兰蔻香水于1935年诞生于法国，它的创始人阿曼德·佩提让先生凭借自己对香水的天才敏感嗅觉和执著不懈的冒险精神，以及他立志让法国品牌在当时已被美国名牌垄断的全球香水市场占领一席之地的抱负，为世界香水历史写下美丽的一页。到如今，这个以玫瑰花为标志的香水已发展成为全法国第一和全世界第二的知名香水品牌，使全球女性都得以分享它优雅且高贵的气质。

兰蔻的创始者阿曼德·佩提让一向酷爱玫瑰花，他还在位于巴黎市郊的自家花园里栽种玫瑰，因此他选择玫瑰作为兰蔻香水的标志也就不足为奇了。兰蔻香水的玫瑰花是传统式的圆形花蕊，弯曲的枝梗，此种样式取自比利时裔的法国画家瑞德特的作品。1964年，风姿绰约的长梗短叶玫瑰成为这个品牌的象征，它不但出现在兰蔻的广告中，也绽放在每一件兰蔻产品的包装上。1974年，玫瑰花去掉了叶片，变得更加细致。进入20世纪90

LANCÔME
PARIS

年代，当初的玫瑰花样仍然出现在兰蔻的包装中，不过它开始以各种姿态活跃在兰蔻的广告里，根据产品的类型，变换不同的色彩，保养品是白玫瑰，彩妆品是红或紫玫瑰，防晒品则是黄玫瑰。

事实上，兰蔻就是一个为普天下爱美女人而生的玫瑰世界，这个发音俏皮优雅的品牌名称构想来自于法国中部的卢瓦卡畔的兰可思幕城堡。1935 年，兰蔻的创办人阿曼德·佩提让看到这座美丽的城堡四周种满了玫瑰，充满浪漫意境，而阿曼德本人也认为每个女人都应像玫瑰一样娇艳摇曳，但细细品味，又各有其特色与姿态，于是就以城堡命名，玫瑰也就成了兰蔻的品牌标志。为发音之便，阿曼德·佩提让用一个典型的法国式长音符号代替了城堡名中的“S”字母，于是有了“兰蔻”这一美名。

卓越的品牌成就了兰蔻团队的成员对于品牌的信心，它来自于一个共同的理念：兰蔻的强势与魅力。所谓的兰蔻强势来自于品牌强而有力的产品研发系统，它藉此为自己树立了一个其他名牌无法比拟的典范，那就是和国际医学界合作，成立基础研究中心，加强人们对肌肤的了解。正是这种在产品研发上的强势，给兰蔻香水不断带来革新卓越的产品优势，并且为之持续创造出品牌强势。这个研究中心的专业性也说明兰蔻在科学界的影响力，以及品牌在女性之间所建立的优质口碑。

每一个兰蔻人都被兰蔻的精神激励着，这是一种精神，意味着力量和魅力。兰蔻的力量来源于其对于科学革新的完美追求，这是一种不断更新的力量，兰蔻实验室的成功将使人们很容易了解兰蔻的力量所在。兰蔻精神的另一方面是兰蔻的魅力，尽管它不像力量那样容易进行定量表达，但魅力与力量一样是实实在在的东西。它通过兰蔻香水散发出的“诱人”的芬芳及其所包括的 18 种色彩展现出来，存在于女性心中。而每一种色彩之间又只是体现出那种无穷小的细微精妙的过渡而已。此种魅力是女性朋友在兰蔻中发现的魅力，更是有魅力的兰蔻通过其永不过时的香水、美容产品所给予女性朋友的魅力。

兰蔻拥有国际性的骄傲。今天，无论在东方、西方，纽约或香港，兰蔻都会透过它强有力的形象占有一席之地。每一个兰蔻专柜都代表着一种光辉，仿佛是回荡的小夜曲，那灰、白、金三种色调及灯光的应用营造出一种和谐的氛围，使得女性朋友很乐意驻足片刻以寻求一些咨询，或是试用一下兰蔻的产品，或分析一下肌肤，或仅仅是为了就美丽的方式与艺术进行一些探讨。

LANCÔME
PARIS

如花女人，兰蔻制造

兰蔻是人世间最温柔、最美丽的一朵玫瑰花，粉粉的，嫩嫩的，绯瓣含羞，柔媚万千，宛若为女人而生。

1935年2月21日，兰蔻公司正式注册成立。这个以香水启幕的美妆王国不可小觑，成立一个月后便同时隆重推出5种香水、2种古龙水及粉饼、口红等产品。顷刻之间，巴洛克式的华贵、别具一格的兰蔻风格在当时大为风靡。同时，阿曼德·佩提让先生让刚诞生仅一个多月的兰蔻有幸于布鲁塞尔的国际博览会上露面，参展的兰蔻橱窗以它的绝妙风采，荣获了大奖。一夜之间，原本默默无闻的兰蔻成名了，这对其以后在全球的发展起了重要作用。七十几年来，兰蔻不断推出多款举世闻名的香水，每一款产品都有着自己的故事，揭示着情感的真谛，蕴涵着稀世的优雅。

1957年，含有玫瑰和茉莉花的香水“Envol”正式问市，原始的瓶身设计是一个花苞形状，最后在瓶盖上加印了玫瑰花蕾。这是集兰蔻创意之大成，挑选各种珍稀的玫瑰，才创造出的一款无与伦比的香水，包括沙丘玫瑰、麝香玫瑰，还有最精纯的保加利亚玫瑰在内，都是构筑这款经典香水的灵魂。1971年，“Sikkim”诞生，这款香水是结合保加利亚玫瑰与茉莉花的完美之作，时值今日，你仍可在兰蔻的法国沙龙名店中买到此款香水。1987年，“Ointense”香水问市，玫瑰花的强烈印象，塑造出这款香水鲜明的个性。

“璀璨”本来是一款1952年推出的香水，于1990年重新推出后，一直是世界上最受欢迎的香水之一。“Tresor”的原意为宝藏，“璀璨”香水的广告语是：The Fragrance For Treasured Moments。意为：献给那段值得珍惜的美好时光。据它的创造者说，这是一款以“拥抱我”为主题的香水，也是一款注定拥有美好历史和记忆的香水，主要原料有玫瑰、百合、丁香、蝴蝶兰、天芥菜等植物，在一片醉人的玫瑰幽香中，混合着百合与丁香的清新气息，以及隐隐可辨的蝴蝶花与天芥菜的味道。“璀璨”香水独特的芳香，迎合了20世纪90年代的女性气息，明朗而奔放，尽展了那个时代女性的妩媚与性感、欢乐与积极，适用于细腻、敏感而优雅的女性，可表现其温婉的气质。

2001年，兰蔻推出新款粉红色“奇迹”香水。大家总是习惯以钻石来比喻对爱情的坚定意念，希望彼此之间的爱能如钻石般久远。这款真爱奇迹香水，便是对这样一个概念的重新诠释。设计师创造出方中带圆、圆中带方的极简主义瓶身，以经典来诠释新世纪真爱的永恒，也完美地表现出爱情无瑕的特质。其前味以果香与花香为基调，出自荔枝与小昌兰；中味以花香调为主，出自木兰花、青姜和胡椒；后味则以木调为主，源自茉莉、琥珀与麝香。它清新、甜美的个性，代表了曙光与希望，为那些智慧、美丽及知性皆具的新女性增添了无限光彩。

兰蔻“引力”香水是兰蔻继“奇迹”香水之后，倾情奉献的另一款旗舰香水。兰蔻深信：美不仅是悦目的外在，更是一种内涵——从心灵深处洋溢出的情感。在香水中，兰蔻恒久不息地诠释着这种情感，用自然与创意交融的芬芳描摹着女性的真实形象。在兰蔻“引力”香水中，高贵优雅的鸢尾花与天竺薄荷完美邂逅，在难以捉摸的香气中，沉沉木香与清幽草香交织着释放出新奇的魅力，融合成一种完全的女人味，别致而和谐。它的瓶身是一个充满光芒的玻璃球体，象征着女人圆润的曲线，引发着轻柔、感性与女人气的香水品质，而雕刻的瓶身、绸缎般柔软的镀金，每一处都表现出法国独有的奢华魅力。

兰蔻在2005年为深受欢迎的Miracle香水推出延伸版——Miracle So Magic。该款香水以粉红色为主调，布置得像个梦幻乐园，还有棉花糖及游乐园里的飞镖等有趣玩意儿，童年快乐甜蜜的回忆就这样回来了。在Miracle原有气味的基础上，Miracle So Magic又额外添加了保加利亚玫瑰及水仙香熏精华为主调，味道清香，

兰蔻这个以香水启幕的美妆王国不可小觑，成立一个月后便同时隆重推出了 5 种香水，2 种古龙水及粉饰、口红等产品。顷刻之间，巴洛克式的华贵、别具一格的兰蔻风格在当时大为风靡。

能激起愉快的情绪，是一款呈现女人精致优雅的香水。

不断创新，专业性体现，亲切呵护，法兰西情调——被这样既大气又温柔的兰蔻精神呵护的女人，正如梦里飞花，向世人展示着她们的美丽与幸福。

LANCÔME PARIS

铿锵玫瑰人

为了法兰西，他创造了兰蔻；为了法兰西，他选择了玫瑰花；为了法兰西，他将最好的科学家会聚在自己的周围；为了法兰西，他在激情的王国中开始了前所未有的征程。他来自法兰西，成就了最美丽的艺术。

几乎每个具有悠久历史的品牌，都是由一位能人加天才所创立，兰蔻也不例外。这位灵魂人物便是人称“老板”的阿曼德·佩提让，素有“20 世纪奢华香水之父”之称。他毕业于人称“20 世纪高级香水摇篮”的弗兰科斯·科蒂学校。阿曼德·佩提让似乎命中注定与香水有缘，第一次世界大战前他与兄弟在南美经商，战后家族生意崩溃，差不多一无所有的阿曼德，仍保住了当时美国香水王国科蒂的巴西代理权，并因销量奇佳而受到科蒂创办人的赏识，成为法国总公司的执行总监。正式投入香水业之后，阿曼德·佩提让才发现自己的天赋——可以辨别香水配方中最微小的区别。在弗兰科斯·科蒂死后，阿曼德·佩提让带领老拍档以破釜沉舟的决心，建立起了玫瑰王国。当时有人问他为何要建立新公司，他回答说：“因为美国两大香水公司垄断了世界市场，我希望法国的香水商也能与之一争长短。”从中可见其雄心壮志。既然是为法国而战，新公司从名字开始便要非常法国化，他选定以法国中部城堡名称为名，那里和谐、宁静，到处盛开着玫瑰。

兰蔻的表现没有让人失望，成立不久便同时隆重推出多种香水、古龙水等产品，阿曼德·佩提让先生甚至亲自操刀，为其中最为中意的

“Tropiques”香水撰写极为感性的散文，兰蔻也以其绝妙风采在国际上荣获大奖。一时间，兰蔻吸引了各国买家，他们纷纷抢先下订单。

虽然兰蔻成立不久便受到战争阴影的笼罩，但在阿曼德·佩提让的领导下，1938 年至 1939 年间，还是推出了 9 种香水。为了扩大销量，阿曼德·佩提让别出心裁地为每种香水设计不同包装的“特别版”，还有配套的淡香薰、淡香水、发乳和古龙水，而散粉也有 10 多种颜色。即使在实施物资配给制度后的 1940 年、1941 年，阿曼德·佩提让也坚守品质至上的原则，宁愿把某项产品停产，也不降低要求，这些明智的举措为兰蔻日后尊贵的形象打下了坚实的基础。

1941 年，阿曼德·佩提让在逆境中求创新，兰蔻美容学院由此诞生。在这里，兰蔻美容顾问经过 9 个月的集中培训，要求必须掌握美容按摩、化妆技巧、饮食学、香水的历史及一切与美有关的知识，之后便会成为兰蔻的美容大使，到世界各地推广其产品，甚至建立专柜和美容院。这些人员的储备在战时看起来增加了营运成本，而且不能起到立竿见影的效果，但在战后为兰蔻迅速打开局面奠定了基础，阿曼德·佩提让的远见尽在于此。当时，阿曼德挑选学员也非常严格，既要有才有貌，通晓多国语言，还有一条不成文的规定：最好是 30 多岁的寡妇或离婚妇女。因为阿曼德·佩提让认为没有了爱情的负累，她们更能专心工作。虽然条件苛刻，但课程的确吸引人，护肤、化妆、时装潮流和市场推广的知识面面俱到。美容学院的第一批毕业生在二战刚结束的 1946 年正式走出法兰西，迈向全球各地，足迹遍及五大洲，还到过香港和东南亚等地。

兰蔻深信：美不仅是悦目的外在，更是一种内涵——从心灵深处洋溢出的情感。在香水中，兰蔻恒久不息地诠释着这种情感，用自然与创意交融的芬芳描摹着女性的真实形象。

今天，兰蔻已经坚定地迈上国际化道路，欧洲、美洲、非洲和亚洲，处处可寻到这枝法兰西玫瑰的影子，阿曼德·佩提让的梦想变成了现实，他和他所创造的兰蔻香水，就像一把掷向天际的花束，就像四处回响的言语，就像夏日的阳光，向全世界发布着爱的宣言。

雅诗·兰黛

创始人◆

雅诗·兰黛
（Estee Lauder）

创始时间◆

1946 年

公司所在地◆

美国·纽约

美丽是一种态度

如果没有了雅诗·兰黛香水，我们的生活将缺乏激情，索然无味。那一缕袅袅香味给我们带来的惊喜，留在我们记忆里的深刻印象，是任何事物都无法比拟的。

她的名字是时尚杂志的“常用词”，她的王国在企业界呼风唤雨，她的名言被世界各地的女人奉为经典座右铭，她的年龄永远是个谜，她就是被誉为“香水王后”的雅诗·兰黛。雅诗·兰黛夫人曾经说过：“我不希望我的香水闻起来像是玫瑰花、栀子花或是任何一种单独的花香，我要令雅诗·兰黛成为世上最奇妙、最丰富、最和谐的千百种花香集于一身的香水。”作为一个女人，她为她一生的爱人创造了一种独特的香水，成就了香水界的一段佳话。

半个世纪以来，雅诗·兰黛的美名，在高端化妆品领域的地位牢不可撼。她在全球顶级商业街区绽放的微笑，不知诱惑了多少向往华丽生活的女人的梦想，而她统治的化妆品王国至今依然被她的名字牢牢控制着：EsteeLauder，LaMer，Clinique，Origins，MAC……美国化妆品的半壁江山都归于其下。为了表示对她的尊敬，美国人将她的传奇一生拍成了电影，而以她的名字命名的香水——雅诗·兰黛香水，更是众多女性心目中最向往的香水品牌。动人的香水不应该仅仅是释放香味，而应当像爱情一样热烈奔放。在香水的海洋中，当女人碰到雅诗·兰黛香水时，总是一副如痴如醉的样子，就像爱丽丝无意间掉入了兔子洞找到了神奇的世界那样，一旦深陷其境界，就注定无法自拔。那采撷多种珍贵花朵的独特香味所形成的细致独特的“棱光花香调”，藉由不同层次的香味律动，缓缓地散发出各种珍稀花朵的独特氛围，带给你独特的感官享受，如同开启天堂密码一般，三阶段丰富层次的花香带领你进入愉悦、安详、犹如伊甸园的奇妙境界。

雅诗·兰黛的经典名言是：“美丽是一种态度，而没秘密可言。世界上没有丑陋的女人，只有不在乎形象或者不相信自己魅力的女人！”正因为秉承这一理念，雅诗·兰黛香水融合了艺术灵感和完美工艺，精心打造数种经典的香水品牌，把人性里最温暖的情、最真挚的爱、最美好的希望都一一点燃！它给人的感觉，就像电影的背景音乐一样，烘托出每个女人的美丽人生。它也能呼应着你的心情，使你的人生更多姿多彩。其变化万千、神秘莫测的嗅觉体验令香水一如艺术品，每每给不同的人，在不同的时间、场合与情绪中带来特别的感受。一滴香水就能使你像从“灰姑娘”变成公主一样，瞬间流露出迷人的魅力。

ESTĒE LAUDER

不朽，以美丽的名义

在多变的时尚界，无论设计师的风格如何转瞬即逝，女人的口味如何捉摸不定，雅诗·兰黛却总是常盛不衰，十年甚至几十年如一日地傲居榜首，之所以如此，皆因其经典的美丽味道是永恒芬芳的。

坐落在纽约曼哈顿第五大道上的 General Motord 大楼，就是雅诗·兰黛缔造流行秘密的蓝色帝国。蓝色代表着安静沉稳，大海般的蓝色不仅在整个公司内部不断闪现，更是雅诗·兰黛商品包装的专有色。它曾经在 1962 年用来装饰意大利著名的斯卡拉歌剧院，进行产品在意大利的首次推广，那情景仿佛是一次华丽的盛宴，雅诗·兰黛夫人同她的蓝色一起款待了整个意大利，也征服了整个意大利。办公楼里到处都是亲和微笑的员工与淡淡的香气，记载着光辉历史的走廊中的一面墙柜，展示着从签着雅诗·兰黛夫妇名字的第一张

生意单，到最近一次商业盛事的照片，它们正默默地告诉人们，这是一个经典的美丽故事，简短、成功、灿烂、传奇。

雅诗·兰黛夫人生前说：“如果你有一个目标，如果你想成功，如果你真的梦想成就另一个雅诗·兰黛，你就必须努力工作，必须始终坚持理想，必须对你所做的事业拥有充足的信念。”而雅诗·兰黛品牌正是在这样的信念下一步一步地走向辉煌。

雅诗·兰黛夫人生前说：“如果你有一个目标，如果你想成功，如果你真的梦想成就另一个雅诗·兰黛，你就必须努力工作，必须始终坚持理想，必须对你所做的事业拥有充足的信念。”而雅诗·兰黛品牌正是在这样的信念下一步一步地走向辉煌。

雅诗·兰黛的香水品种非常多。1953 年，它推出的“年轻蜜露”使沐浴油和香水的精神融会贯通，相当经典。而“雅诗”是 1968 年推出的，然后是辛香绿叶木香型的“合金”，这款香水香如其名，融合了清新、飘逸的格调，充分表达了这个时代特有的回归情绪。接着是花香木香型的“私人藏品”和东方香型的“朱砂”以及春天般清新的“白色亚麻”，这些香水都是于 20 世纪 70 年代问世的，而香水瓶则全部由雅诗·兰黛公司自己的设计师伊拉·勒薇设计。此外，公司还不断扩充自己的产品线，于 1964 年推出男用香水和美容护肤产品，1968 年又投资建立倩碧实验室，研制生产经过抗敏试验、不含香精的美容护肤产品。

1986 年，“美丽”被推出，这是一款美丽如新娘捧花般的花香型香水，它集 19 种花香于一体，不仅得到了女士的垂青，也赢得了全世界的喝彩。时值今日，“美丽”仍是销量第一的香水，其广告也一直以新娘为主角。据说，“美丽”香水的创作灵感源自雅诗·兰黛夫人此生最美好的回忆，以及令人感动的誓言。

20 世纪 90 年代，雅诗·兰黛又有 5 款重要香水面世。比如 1992 年出品的“着迷”，就是“会让他着迷”的花香型香水，1995 年推出的全新女用香水——“欢沁”，整体瓶身高雅而简洁，晶莹剔透的椭圆形瓶子上缀着圆形的白金瓶盖。此款香水的设计灵感来自雨中的花朵，它有两种不同寻常的成分：来自留尼汪岛的海湾玫瑰和来自西部非洲的卡罗卡朗迪香料，这两种原料使香水带有一种独特的花香，也多了点胡椒味道。“欢沁”飘散着浓郁的花香，香味乍浓犹淡，怡人心脾，在大自然中播撒欢沁。一年以后，“亚麻清风”面世，此后引出一系列清淡的臭氧味香水，蕴涵着大洋和海滩的味道，这种香型曾在迪奥的“沙丘”中首次使用。“亚麻清风”的设计构思是“午后阳光里的漫步”，使人联想到凉凉的微风和清清的水面，相当诱人。

如今，雅诗·兰黛公司大约有12000名雇员，除美国以外，它的化妆品也在澳大利亚、比利时、加拿大、英国和瑞士生产。雅诗·兰黛家族的许多成员现在还担任着公司的重要职务，公司底下还有其他鼎鼎大名的分支品牌，比如阿拉米斯、倩碧、爱弗达等。1998年，雅诗·兰黛被《时代》周刊评为20世纪最有影响力的20位商业奇才之一，并且是唯一的女性。在美国，雅诗·兰黛已经是时尚完美的典型代表，这一品牌在全球高端化妆品领域的地位已经牢不可撼。

ESTĒE LAUDER 从贫民窟到上流社会的传奇女性

当人们用着全球著名的奢侈品雅诗·兰黛香水，谈着高雅的时尚资讯的时候，从来都没有把雅诗·兰黛的品牌创始人，一个喜欢处处迎接挑战的富有传奇性的女人忘记。

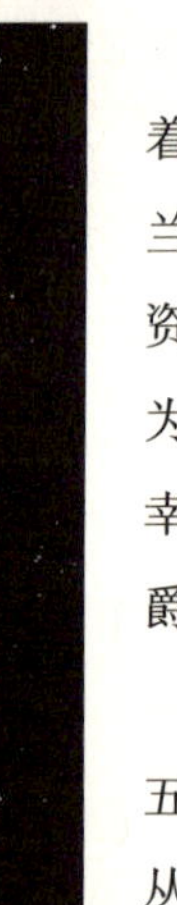

雅诗·兰黛

没有资金，没有营销经历，没有护肤或美容的特长，雅诗·兰黛仅仅凭着一个梦想，从一无所有直到成为世界上最富有的妇女之一，建立了雅诗·兰黛化妆品的王国。她的工厂制造的美容产品行销世界各地，整个公司净资产达52亿美元。人们不再忽视那个贫民区中的美丽女孩和她的梦想，因为今天的她已经是上流社会的一员，和电影明星、媒介巨头密切交往，有幸同总统贵族们共赴宴会，还拥有许多显要的朋友，像南希·里根、温莎公爵及夫人、莱格丝公主等。

雅诗·兰黛出生在纽约皇后街的意大利移民街区，一位匈牙利犹太籍的五金店主家里。她是这个大家庭里的第九个孩子。从童年时候开始，这个从小在商店帮忙的小姑娘就继承了母亲的美貌——金发碧眼，并且拥有晶莹透亮的皮肤。这个漂亮女孩厌倦贫民区的生活，一直梦想摆脱那里的生活。但是在小时候，她唯一能做的事情就是急切而不着边际地做着美梦：有朝一日成为万众瞩目的大明星，被镁光灯、鲜花和英俊男士所簇拥……

第一次世界大战爆发时，雅诗·兰黛才6岁。就在这一年，她的一位搞化学研究的叔叔的到来改变了她的一生，因为叔叔带来了护肤油的秘密配方。她对如何制作各种护肤品相当感兴趣。“只要我有空闲的时间，我就煮几罐面霜，”雅诗·兰黛曾说，“当我沉浸其中时，我总觉得自己充满了活力。”也许贫困的皇后街没有太多奇迹，叔叔带来的神奇的护肤油使雅

诗·兰黛从此把唯一的梦想与它联系在一起，开始孕育一个美容世界的梦：“我的未来从此写在一罐雪花膏上。”小小年纪的她已经开始神往纽约的商业中心曼哈顿，并且对自己发誓：“总有一天，我要住进那个不同凡响的地方。”

可是在雅诗·兰黛正准备要开始自己事业的时候，她却先选择了成家。1930 年，她与相恋 3 年的约瑟夫举行了婚礼，正式成为劳特尔太太。但在 1939 年，雅诗·兰黛便与丈夫离婚。

在与丈夫分手的那几年中，她结识了阿诺德·范亚美利根，并且成为他的密友。范亚美利根后来成为一个香水集团的老总，并在香水上曾鼎力支持过雅诗·兰黛。事实证明，许多雅诗·兰黛的产品，也有他的功劳。两个人关系很好，友谊持续了一生。可雅诗·兰黛越年长越清楚自己需要什么，她通过夫妻双方共同的好友给前夫传话，希望能够缓和离婚带来的紧张关系。后来，这对历经风波的夫妻终于决定复婚，并且达成了默契：共赴纽约从事化妆品事业。她负责化妆品的制造和销售，约瑟夫负责管理，从此，雅诗·兰黛化妆品王国初见雏形，丈夫约瑟夫做着大量的幕后工作，默默地支持着她。

回望自己传奇的生命历程，雅诗·兰黛在 1985 年的自传中说：“经商是纯粹的戏剧——只有结果才证明一切。”或许，对雅诗·兰黛而言，奋斗的一生、成功的辉煌也只是一场戏剧，她是女主角——正以奥斯卡奖得主的风范为我们作精彩的表演。

Dior

典雅高贵的香水形象

迪奥

迪奥香水以它的高贵、典雅享誉世界，难以断言，是女人使迪奥香水馨香，还是迪奥香水使女人更香。世间最妙的是上帝要她们在一起升华，臻至完美。

创始人◆

克里斯汀·迪奥（Christian Dior）

创始时间◆

1947 年

公司所在地◆

法国·巴黎

据说，克里斯汀·迪奥的天才设计具有创造“新的机会、新的爱情故事”的神奇。时尚是一段流行、一种品位，香水是一段记忆、一种个性，当想要表达品位、展示个性甚至制造记忆的时候，迪奥香水就是你的选择。迪奥，一个万众瞩目的香水品牌，它浓郁的女性韵味和浪漫华丽的色彩是“迪奥精神”的完美再现。华丽优雅的质感、性感的花香，已掠取全球女性的渴望，成为法、西、德、英、意等国年度最佳女性香水，其感性与性感兼具的形象，在女性心中永久荡漾回旋……

克里斯汀·迪奥自己曾经说过：“香水是一扇通往全新世界的大门，所以我选择制造香水，哪怕你仅在香水瓶旁边逗留一会，你也能感受到我的设计魅力。我所打扮的每一位女性都散发出朦胧诱人的雅致，香水是女性个性不可或缺的补充，只有它才能点缀我的衣裳，让它更加完美，它和时装一起使得女人们风情万种。”迪奥香水的出现，正如克里斯汀·迪奥本人所言，是为了让迷人的女性美萦绕着每位女性，仿佛不尽的香水从瓶中散

发出来。

豪华、典雅、精致的迪奥，一直是芬芳的高级香水的代名词，它继承着法国浪漫主义的传统，始终保持着高贵华丽的设计路线，迎合了上流社会成熟女性的审美品位，象征着法国香水文化的最高精神。迪奥的设计，注重的是女性的柔美，它不仅仅代表着技术的专业性，还展示着它的权威性和值得信赖的品质和水准，为千千万万的女性创造出完美无瑕的神韵。迪奥香水总是那么完美，总是引导着潮流。如果你在迪奥香水的瓶子上看到自己，那是因为它也在热情地看着你。无须担忧，只须倾听。它在与你交谈，它在对你诉说：你是否知道自己是不可战胜的？它会让你陷入纯洁真理的魔咒，这就是纯粹迪奥的童话法宝：令人沉醉、慷慨、宽容、感性，使人感到虚幻。迪奥香水忠于创造、抒情、幻想的传统，它将与克里斯汀·迪奥的名字、与时尚界同在。

Dior

新世纪女人的真我宣言

当你买了一瓶迪奥香水，你就买了一个梦想。于是，女人天赋的浪漫，便因那些气质不同的迪奥香水，尽情遨游在幻想与现实的国度。

有一种香水，真挚坦诚又难以捉摸，天真无邪却又会令人彻底迷醉，外向而又亲近，展现出女人无限魅力及诱惑力，这就是继承着高贵的传统，始终保持高贵典雅风格的迪奥香水。如果要为迪奥这个国际知名品牌下注脚，那就是典雅、细致，充满艺术感！

迪奥的名字“Dior”在法语中是“上帝”和“金子”的组合，以它的名字命名的品牌 Christian Dior（简称 CD），自 1947 年创始以来，一直是华丽与高雅的代名词。不论是时装、化妆品或是其他产品，CD 在时尚殿堂一

直雄踞顶端，引领着世界流行时尚。

迪奥香水就像魔镜，让现代女性从中发现自己能够创造的奇迹。在香水王国中，迪奥最贴近女性，贴近她们的梦想与无尽神采。21 世纪初期，新一代年轻女性出现，她们渴望所有梦想与所有现实，她们希望拥有诱惑的纯粹力量而不是控制，希望拥有神奇魅力而不是矫饰，她们雄心勃勃、冷艳如花，但又乐观积极。迪奥为她们创造出了全然诱惑的香水，它重现出这些年轻女性诱惑的永恒传奇与魔力，再一次让女性的渴望化为现实，迪奥香水也因此而成为永恒的火花，璀璨、冷艳，包含着慷慨与神秘。

迪奥香水每一新款的诞生，总是从它的名字和概念开始的，整个创造过程也由此建立并围绕着这个主题。当艺术灵感和科技混为一体，在数百种本质香味结合中找到准确的配方，只有在这时人们才能精细概括体现这一香水的质地和精神。与香水本身同等重要的是对香水瓶形状的设计。其形象必须一致，对香水的表现必须绝对得体，以“迪奥小姐”为例，那香水瓶的永恒经典历时 40 多年，依然迷人。

迪奥的香水童话自白色花朵开始，它那惊人的美丽与芬芳象征着女性的气质与诱惑，在熟悉的外表下，茉莉与橙花的动人故事揭开了意外宝藏。

前调的味道令人振奋，慷慨奢华，如同大胆的闪光，茉莉、甜橙、卡拉布里亚香柠檬和西西里橙花立刻用真诚态度令你目眩神迷，晶莹清澈，五彩缤纷的青春气息与纯净，作为对新款“毒药”香水纯洁无瑕的现代回应。中调是质地浓厚的花朵：橙花和水栽栀子花散发出最奇妙的精致感，有种令人无法逃脱的迷惑魅力，汹涌澎湃、神魂颠倒的蜕变将世界置于白色花朵的统治下，介于天真与令人窒息的风情之间。后调显露了一种深邃的气质：檀香与龙涎香无与伦比的韵律包含着得到满足的急切妩媚，却又保留了超现代美学杰作绝对必须的内涵。迪奥香水的包装也同样匠心独具，蓝、金标志赋予香水本身非凡的高雅。即使是柔滑的触感、美丽的肤质，也无法取代迪奥香水带给你的那种前所未有的迷人芳香。

迪奥香水每一款的诞生，总是从它的名字和概念开始的，整个创造过程也就由此建立并围绕着这个主题。

迪奥的目的是探索女性代代相传而又令男性大为惊异的诱惑秘密，希望超越外表而去探寻熟悉香调背后所隐藏的全新感性。它穿越镜子的旅程在神话和童话的世界里如此典型，以至于女士们总是再次选择香水界中最知名的迪奥香水，去释放出她们内心深处的真实自我，表达一种极女性化的感性：妩媚、自觉、能量、情感。这恰恰就是新世纪女人的真我宣言。

Dior

经典的演绎者

迪奥，象征着对完美境界不断求索的精神。虽然每款香水平均需要超过三年的时间来研制，但克里斯汀·迪奥的香水系列依然能经典辈出。

1947年，克里斯汀·迪奥凭借其首个时装系列“新风格”为女性形象掀起革命，显露女性优美纤腰、香肩和美腿的时装款式，给战后的苦闷保守的日子再添新姿。但渴求完美的克里斯汀·迪奥认为除了时装之外，如果没有一种完美香水来陪衬，女性的魅力就无法散发得淋漓尽致，于是划时代的香水“迪奥小姐”（Miss Dior）出现了，并开创了克里斯汀·迪奥源远流长的典雅高贵香水形象，由此，一个巨大的事业开始了。迪奥香水公司共推出了 18 款香水，为迪奥设计香水的杰出香水师包括埃德蒙德·鲁德尼兹卡、纪·罗伯特、让·路易斯·苏萨克和皮埃尔·伯顿，所有的迪奥香水都由公司自己位于法国的圣·让·德·布莱尔地区的工厂生产。

“迪奥小姐”是迪奥的第一瓶香水，也是世界上第一种以橙花鼠尾草、栀子花等清新香气作初调，沉香、岩蔷薇等浓香作为基调的香水，这一清一浓，既典雅又脱俗。这款香水被盛放在漂亮的双耳尖底瓮形状的香水瓶里面，独特的造型使这种香水深受女性喜爱，为迪奥连绵数十年的香水传奇揭开序幕。后来迪奥公司又在此款香水的花香中加入了一种清淡的绿叶香气，而香水瓶则改为一种植物的形状。到了开始使用香水年龄的欧美少女，都喜爱“迪奥小姐”的香味，因为它那花香与动物性香料混合而成的香气，加上柑苔调系的香味华丽中不失典雅气质，常常令人耳目一新，而其所具有的都会风格的妖艳香气，更成为掳获男性欢心的最佳道具。

在这款香水的背后，还有一个有趣的故事，它充满生机的名字，来自于法国设计师克里丝汀·迪奥的妹妹。在迪奥专营店里工作的妹妹，很像一匹脱缰的野马，她常常迟到。大家从来不尊称她为“小姐”，而是学当时屯驻在巴黎的美军，以轻蔑的口吻叫她“迪奥小姐”。有一天早上，店里的经理们正在为一瓶新推出的、充满青春气息的香水思考着如何为它命名时，“迪奥小姐”刚好喊着“大家早！”匆匆忙忙地跑进来，克里丝汀·迪奥看到她的样子，灵机一动：“就是她！”于是立刻就决定了“迪奥小姐”这个名字。

随着时代的变迁，人们开始懂得追寻生活质量，浪漫年代的帷幕也逐渐从 20 世纪 50 年代掀起。1956 年，以清逸铃兰花香为主调的香水“非常迪奥”终于面世，它将克里斯汀·迪奥心爱的铃兰花香精心演绎，给这个浪漫年代刻画出一个全新标志。

在20世纪60年代中性浪潮中，无论是时装或是香水创造者，都必须拥有过人的触感。早在20世纪60年代初，克里斯汀·迪奥便率先推出富有中性气味的Eau de Sauvage，后来于1972年面世的Diorella便更具中性姿态，它的香味有别于“迪奥小姐”或“非常迪奥”的娇柔艳丽，其香调甚至令你相信它是男士古龙水的女性版演绎。20世纪80年代，冶艳的克里斯汀·迪奥香水见证时代进展的任务从未终止。大胆的“毒药”香水的出现成为克里斯汀·迪奥香水系列的又一个经典。由香气、樽形到整体形象，“毒药”都代表了20世纪80年代性感冶艳、神秘诱惑的女性，夜来香加果香的浓郁主调，苹果形的樽身设计，其划时代形象可谓不言而喻。

属于20世纪90年代的Dolce Vita反映出女性自主追求生活取向的态度，深受时代女性的认同。Dolce Vita的丰富香气和圆润饱满的樽形线条，正好反映这一年代女性追寻满足自我的意愿。每一款克里斯汀·迪奥香水都同时推出更尊贵典雅的手工制造水晶纪念版，让每股经典的幽香更加扣人心弦、历久不衰，成为收藏家的至爱。

在众多类型的香水中，“纯净”最能体现迪奥一贯的格调与永恒的造型：高雅而迷人。细长的瓶颈，用金色的领巾围了一周，更加显得高贵不凡。瓶身光滑透明，没有一点修饰，J’Adore这几个字母很美地隐藏在水晶瓶盖上，完美的设计正如其广告词：“这世界不再

是黑白两色，而是金色的。”此款香水以清新的常春藤叶和甜美的柑橘果作为初调，还有一丝淡淡的黄兰香，使你在任何时刻都随着兰花一同沉醉，聆听来自心底的声音，而此时紫罗兰也来分享你的忧愁，连最后的玫瑰也将它浓郁的芬芳带来，在这里，你不该也不会再忧伤。

Dior
永远的时尚大师——克里斯汀·迪奥

“如果迪奥还活着，今天的时尚当是另一种模样。”现在人们仍然如此高度评价已经离世 40 年的设计师克里斯汀·迪奥。50 年来，以他的精神为基础的迪奥品牌，影响了几代消费者和设计师。

在浪漫的法国情怀熏陶下，具备创作和设计才华的潮流创造者，都尽情地发出光芒。一代时装设计大师克里斯汀·迪奥，自 20 世纪 40 年代开始便已崭露头角，为这个时装和香水潮流之都创造了不少至今仍为人津津乐道的经典之作。克里斯汀·迪奥在设计时装之后，选择了香水设计，他说：“对于女人来说，香水是不可缺少的，它是服装的最后一道工序，就像朗克里特作画完毕用来签名的玫瑰。”他创造的香水个性独特，它们不但散发着飘逸的、令人浮想联翩的神秘香味，而且还具有诗一般的名字，给人以梦幻感。他那天才般的创造和用之不尽的灵感在香水世界里留下了一个个传奇式的故事。

克里斯汀·迪奥于 1905 年 1 月 21 日生于法国的格兰维尔，家庭富有并受人尊敬。父亲是成功的肥料商，母亲玛德林气质高贵、温柔典雅，她的魅力形象一直是克里斯汀·迪奥的创作源泉。起初，克里斯汀·迪奥准备从事外交职业，并已经接受这方面的教育，但是后来他改变了主意，于 1928 年开了一家画廊。1935 年，克里斯汀·迪奥开始向时装屋出售帽子、衣服和首饰的设计样稿，后来就直接为设计师罗伯特·皮埃特工作。二战爆发后，他应征入伍。1940年法德休战，克里斯汀·迪奥成了设计师吕西安·勒龙的助手，为他做了若干年的设计。

1946年，克里斯汀·迪奥开了自己的时装屋，并在1947年初的一次设计作品展示会上一夜成名。同年，克里斯汀·迪奥又创立了迪奥香水企业，同年发布了“迪奥小姐”。他坦言自己经常受到香水的诱惑，他说：“我把自己看成香水设计师，就像我是服装设计师一样。”还说：“如果我是香水设计师，那么一打开香水瓶就能感受到迪奥服装的气氛，每个穿了迪奥服装的女人也会在她经过后留下令人难忘的余香。”有一次，克里斯汀·迪奥甚至还承认在儿时从未梦想到自己会是服装设计师，他能记起的对女性的最初印象也不是服装，而是她们身上的香水味。

克里斯汀·迪奥使巴黎在第二次世界大战后恢复了时尚中心的地位，他的第一个美国分店在1948年开张，伦敦店于1954年开张。那时，光是他的法国总店，就有1000多个雇员。在随后的几年里，他选择了年轻的伊夫·圣洛朗作为自己的助手，这也是他唯一的助手。1947年，克里斯汀·迪奥被授予美国的雷门·马可斯奖，1950年，法国又颁发给他“荣誉勋位团”勋章。

50多年过去了，克里斯汀·迪奥这个名字依然引领着世界的流行时尚，然而在其辉煌的业绩后面，我们所看到的更是一种对完美境界不断求索的迪奥精神。他是一个活生生的迪奥，充满着深情，极为害羞，又极为幽默，他便是永远的时尚大师——克里斯汀·迪奥。

纪梵希香水是优雅、时尚、经典、大气的代名词，它只给那些懂得品味生活的优雅之士。

纪梵希

创始人◆

休伯特·德·纪梵希
(Hubert De Givenchy)

创始时间◆

1957 年

公司所在地◆

法国·巴黎

执著于优雅品位

清纯优雅的奥黛丽·赫本不知是世间多少男子的梦中天使，而休伯特·德·纪梵希就是她“背后”的那个男人，是她 40 余年的形象设计师。有人说要看休伯特·德·纪梵希的设计，可从经典美女奥黛丽·赫本身上反映出来。正因如此，纪梵希香水几乎就是赫本本人的化身——经典、优雅、高贵、简洁、女性化。

休伯特·德·纪梵希说：“我爱美好的事物，更爱它们在我手中的感觉，当设计稿跃然成真，内心的激动难以言表。”这就是一代大师纪梵希对香水始终不变的热忱。创新性和女性化始终是纪梵希工作室推出的杰出香水产品的特点，每一款香水无不传达着休伯特·德·纪梵希长期独有的创作激情，

它们注重凸显女性婀娜的身姿，同时又融入复古情怀，焕发出女人的优雅风韵，让新世纪的女性可以表现出健康活力，展现自然、雅致又充满自信的魅力。

很多人都会被纪梵希香水典雅的香味所吸引。纪梵希香水，从5种不同香味的玫瑰花中提取，从纯真浪漫到强烈大胆的多变，尽展女性的万千风情：年少时的纯真与梦想，在梦幻玫瑰的香气中展露无遗，轻柔得让人仿佛重拾赤子之心；温柔感性、充满浪漫情调的法国蔷薇，展现出女性娇柔、妩媚的性感魅力；热情、强烈的女性欲望，在撒旦玫瑰中尽情呈现，反映出女性内心深处的渴望；牡丹玫瑰则是大胆、明亮而开朗的特性，展现现代女性自主、充满自我主张的明媚特质；而对于那些优雅、聪明、慧黠的都市女性来说，摩洛哥玫瑰可以让她们表现出希望与活力。纪梵希香水成功地释放出5种玫瑰的风采，展现出女人的纯真、梦幻、性感，它永远都是那么优雅地散发着诱人的芳香。

在过去的40多年里，纪梵希一直保持着“优雅的风格”，因而在香水界“纪梵希”几乎成了“优雅”的代名词。而其制作传统以及严格的素质标准，均充分表现于纪梵希各款香水产品中，因此纪梵希香水绝不只是一个名字所能概括得了的，它更是一种精神、一种象征。纪梵希香水已成为法国传统的富丽精致风格的代表之一，它以完美无瑕的工艺、卓越的品位和情趣盎然的女性风格而闻名于世。

在过去的40多年里，纪梵希一直保持着“优雅的风格”，因而在香水界“纪梵希”几乎成了“优雅”的代名词。而其制作传统以及严格的素质标准，均充分表现于纪梵希各款香水产品中，因此纪梵希香水绝不只是一个名字所能概括得了的，它更是一种精神、一种象征。纪梵希香水已成为法国传统的富丽精致风格的代表之一，它以完美无瑕的工艺、卓越的品位和情趣盎然的女性风格而闻名于世。

GIVENCHY

难以逾越的“4G”风格

纪梵希，作为法国著名的香水品牌之一，不管其品牌内涵还是其独具的价值都体现了古典与优雅、时尚与简洁的交融，它早已成为世界名牌的最高时尚品位的代表。

在那个优雅和戏剧化的年代，提起休伯特·德·纪梵希这个名字，人们最先想到的就是他那优雅高档的时装，同时脑海里还会浮现出奥黛丽·赫本清丽的身影，也许正因为由时装起家，宛如魔镜的纪梵希香水才让人感受到新鲜的创意和对女人的深深了解。

1954 年的一天，时装设计师休伯特·德·纪梵希正等着赫本的到访，他将为她的电影《窈窕淑女》中的角色作服装设计。纪梵希原本以为会看到一位明艳照人的大明星，不料却来了个穿长裤，着平底鞋，身材瘦削，脂粉未施的短发女孩。纪梵希捕捉到了赫本纯洁高雅的气质，使她焕发出优雅明亮的光芒，从此，纪梵希成为赫本一生的形象设计师，1958 年，纪梵希公司

推出第一瓶香水“禁忌”时也特别邀请赫本为其代言。

来自这样一个以时装开始的故事，纪梵希香水自诞生起就带着与众不同的风格。它是以 4 个“G”字母的变形组合为标记，即古典、优雅、愉悦以及纪梵希。纪梵希香水以华贵典雅的风格享誉时尚界 30 余年，一直是香水界中的翘楚。它主要可分为 3 大类，包括女用香水、男用香水及儿童用香水。它们的成分、颜色及香味虽不同，但却都能表现出纪梵希的高贵、勇敢、感性和激情。纪梵希香水下的女性既高贵，又活泼；既含蓄，又勇敢；既浪漫，又激情。所以无论任何年龄的女性均能在纪梵希的香水世界里找寻到属于自己的香水。

纪梵希的恩师曾说：“每个人都可以学到基本的东西，但唯有品位是学不来的。”一如休伯特·德·纪梵希声称的：“优雅是我永远难忘的最爱。”选择身旁值得珍视的美丽事物，蜕化为款款动人的香气，捕捉女性美的自由身影，便是他生命中最大的乐趣。基于此追求，纪梵希香水便油然而生。每年纪梵希都用不定期的重点流行设计，如竹编、盾牌以及环保意识推出动植物系列香水，名牌的品位加上流行的时尚，以及英文字母 G 的特殊设计，丰富了纪梵希香水的生命，因此百分之百的古典与优雅是纪梵希品牌屹立不摇的重要原因，也是它一直广受全世界妇女爱戴的原因。

自然、细腻，紧抓女性内心深藏的愿望和不断推陈出新的创意，是纪梵希香水研发的核心思想。1995 年，创始人休伯特·德·纪梵希宣布退休后，纪梵希一直都找寻着崭新的突破，直至 1999 年色彩艺术总监尼古拉斯·狄更斯的加盟，令纪梵希香水充满了别具创意的设计概念，分别于 2002 年及 2003 年推出的“新绅士”及“冰火共舞”香水便是他的创意典范，从而展示出他对纪梵希的热情，更打开了品牌发展年轻化的另一新里程。拥有无限创意的尼古拉斯·狄更斯，曾多年参与法国电影网络、电影及广告拍摄的美术指导工作，对色彩与艺术有着独到的见解，加入纪梵希以后，他更诚邀年轻的路易斯·狄龙担任其品牌的彩妆及香水广告女郎工作，从而赐予纪梵希现代时尚味浓郁的女性品牌形象。

高贵华丽的品牌个性，打造出纪梵希品牌在国际香水界的顶级地位，也充分满足了人们追求高品位、高档次的心理。除此之外，各种名人的加盟无疑给更多的人带来强烈的品牌认同感，使得纪梵希品牌背后的附加价值远远高过产品本身的功能。纪梵希的崛起使香水界本身的精神实质得到了升华，它把平凡变成了艺术，这是纪梵希对世界香水业的巨大贡献。时值今日，虽历经不同的设计师，但纪梵希的4G精神却未曾变动过，它仍是时尚天空中最耀眼的那一颗明星。

GIVENCHY 不平凡的友谊

纪梵希就是这样的时尚王国：它成功开创其历史，创制出众多的高雅产品，行销全世界，引领着时代的潮流。

纪梵希香水品牌的建立，与奥黛丽·赫本有着密切的关系。20世纪50年代走红的好莱坞明星奥黛丽·赫本在当时的《罗马假日》及《帝凡尼早餐》等影片中的每一件时装，都是由休伯特·德·纪梵希亲自设计的，奥黛丽·赫本更成为了纪梵希时装设计的灵感源泉，同时亦与休伯特·德·纪梵希建立了一段不平凡的友谊。

1957年，休伯持·德·纪梵希为奥黛丽·赫本度身研制了一种香水，命名为“禁忌”，它是纪梵希的第一瓶香水，含有胡椒粉强烈的刺激味道，完美地捕捉到了青春少女的清新和浪漫。“禁忌”开创了纪梵希长期的不同一般的香水风格。同年，纪梵希香水品牌亦正式创立，为香水历史发展增添了高贵典雅的元素。

一年后，即1958年，纪梵希的第一瓶男士香水——纪梵希“绅士”香水亦面世。它流露着浓浓的法国情怀，犹如法国男士般温文尔雅，令人联想到舞会中穿着燕尾服的翩翩君子。值得一提的纪梵希男士香水还有1998年推出的纪梵希“Pi”男士香水。其瓶身两边的雕刻图案，不规则的密度感，琥珀色调的基色，都令“Pi”与众不同，在众多男用香水中脱颖而出。

休伯特·德·纪梵希的创作灵感来自于高科技中的闭合系统，其男性化的风格令人振奋：线条的强烈对比与完美的比例令人不由联想到外层空间的神秘。"Pi"使得男人们变得更有魅力，它证明了他们的智慧、他们的勇气与所作出的贡献。

纪梵希的女用香水为其香水之冠，共超过 15 款。其中"金色年华"香水于 1996 年由纪梵希公司推出。它飘荡着深邃森林的芳香气息和轻柔的甘甜香，还有那肉桂及龙涎香等魅人的香味，让你时刻散发神秘浪漫的气息。以柔软的洋装包裹纤细身形的女性华美造型的香水瓶是不折不扣的艺术品，让女性的曲线美一览无遗。2002 年，纪梵希公司又推出"冰火"女士香水，味道清新性感，瓶身有如沉睡的火花。透明的瓶身冰镇着女性冷酷的外表，红色的瓶盖暗自燃烧着心中的热情。简洁清爽的外盒上，有一丝红色火苗，这种大胆的设计让人为之惊艳，更让人感叹来自设计师的灵感。前味散发着柠檬和佛手柑清爽的芬芳，茉莉带来夏季海滨的清甜、宁静慧黠的中味，后味温暖的木质调更是"冰火"的精髓所在，值得我们品味珍藏一生。

儿童用香水可算是纪梵希公司为香水界所作的一大突破，这一产品概念源于儿童十分喜欢模仿成年人的行为。因为在法国涂香水已成为大部分人的习惯，因此纪梵希特别细心创造了这个系列给小朋友或刚开始使用香水的少女。1987 年，纪梵希公司联合法国童装公司"派与巧克力"为打造了婴儿香水，取名为"小熊宝宝"。它是全世界第一瓶婴儿香水，清新自然而又可爱的特点使其受到许多小女生的喜爱。前味选用柑橘，中后味搭配着温润爽朗的花香使其风靡一时，推出至今，已经是法国第一品牌的儿童香水。为了庆祝"小熊宝宝"的成功，2003 年春天纪梵希公司特别设计了"小熊宝宝"的女朋友——"甜心宝宝"。这款特别为亚洲地区量身定做，并且限量发售的香水，来自"小熊宝宝"香水家族，紫色梦幻心的造型，甜蜜清新的香气，让你爱不释手。

此外，纪梵希的香水产品包装也富有一定的艺术特色，如"红粉佳人"香水的瓶身设计就像一个淑女头上戴着一顶羽毛帽子，又如"爱慕"香水的瓶盖设计灵感则来自纪梵希

晚装的袖子造型。

时光匆匆流去。今天，被称为“时尚巨人”的纪梵希品牌早已不单单代表香水，更扩展到彩妆和保养品。而半个世纪以来人们所称道的四大品牌精神：古典（Genteel）、优雅（Grace）、愉悦（Gaiety）、纪梵希精神（Givenchy）——更衍生在同名的彩妆及保养品中，让全世界的女人雀跃不已。属于纪梵希的美丽篇章一页又一页，它们是那么精彩动人。21 世纪将是纪梵希的另一个新纪元，万人迷女星丽芙·泰勒将成为新一代的纪梵希广告女郎，我们期待着当年奥黛丽·赫本与纪梵希的传奇故事，能够在今天得以延续。

GIVENCHY 时尚的绅士

休伯特·德·纪梵希本人因在任何场合出现时均表现出的儒雅风度与不俗的外形，被称为“时装界的绅士”，而他则代表着纪梵希香水的特质——简洁、清爽、周到、得体、刚柔并济。

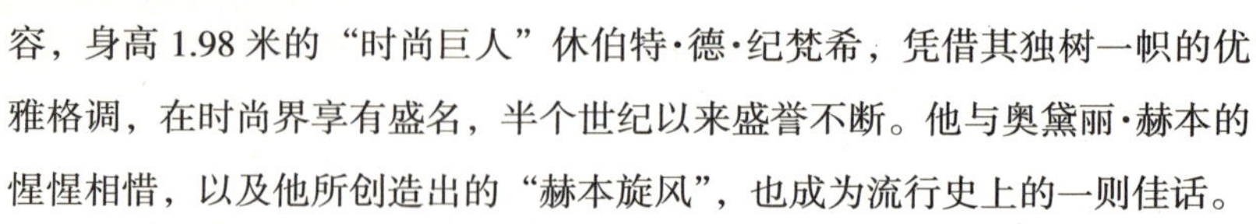

湛蓝的眼眸，银白的发丝，爽朗的笑容，身高 1.98 米的“时尚巨人”休伯特·德·纪梵希，凭借其独树一帜的优雅格调，在时尚界享有盛名，半个世纪以来盛誉不断。他与奥黛丽·赫本的惺惺相惜，以及他所创造出的“赫本旋风”，也成为流行史上的一则佳话。

休伯特·德·纪梵希

休伯特·德·纪梵希于 1927 年出生在法国比恩弗斯——一个织绵画艺术中心，父亲早亡，由母亲和外祖父抚养长大。他的祖父是哥白林双面织锦挂毯工厂的总监，对印染颇有研究，这使休伯特·德·纪梵希从小在工艺美术品生产的环境中耳濡目染，尽管如此，休伯特·德·纪梵希还是希望自己能成为一名顶尖的律师，就如同家里对他的期盼一样。但是在冥冥之中，他似乎从小就与服装结下了不解之缘，早在 7 岁的时候，他便为杂志上的名人彩绘了一帧帧适合他们的衣装。之后，他阅读时尚杂志的时间也都多过他成为律师的准备。10 岁那年，小纪梵希参观了巴黎的服装博览会，那些优美雅致的展品引起了他浓厚的兴趣，他开始憧憬做个设计师，但家里却极力反对他的志愿，而希望他成为一名律师，因此，他下决心到巴黎谋求发展。

1945 年，休伯特·德·纪梵希开始为勒隆工作，从此开始了他长达 43 年的设计生涯。1952 年 2 月，在时装大师巴伦夏卡的鼓励下，休伯特·德·纪梵希开设了自己的时装屋。同年，他以“19 世纪旅馆特色”为主题推出个人首次作品展，那些象征纯粹生活的白色布料，以及典雅、华丽的珠饰、刺绣，再加上变化万千的款式，给时装界带来了一股清新之风，从而深深攫取了当时人们的心。另外，他对完美与“简式优雅”的执著追求，也令人们印象深刻。在休伯特·德·纪梵希看来，真正的美，来自传统与古典的融合，一如他的好友奥黛丽·赫本所传达的讯息——优雅而高贵。

纪梵希品牌那种简洁典雅的风格，或多或少是休伯特·德·纪梵希个性的反映：爽朗谦和，加上法国人的浪漫深情，令他赢得“时尚界绅士”的美誉。他曾说：“真正的美来自对传统的尊重，以及对古典主义的仰慕。”这句话准确地描绘出他是一个完美主义者，更成为其设计的精髓。每天一早，他便到工作室，在音乐中享受工作的乐趣。一旦获得触发，他原本略显犹豫的手，快速转变得灵动迅速，而设计图也在瞬间成就。

“时尚不仅仅是流行的表征而已，它还必须有实用价值，而且，不需要的东西也毋须缀饰到衣服上。”纪梵希曾如是说。早在 20 世纪 50 年代中期，纪梵希就力主衣装的简洁优雅，坚持女性无拘无束的自由身躯，他刻意忽略胸线、腰线的设计，而以低胸或直筒线条，唤醒女性解放身体的意识，这股前卫的理念在当时服装界中可算是与众不同，更领先于 20 世纪 60 年代沸腾的女权运动。然而，恰恰是凭着这种前卫的理念，纪梵希使自己的香水走向了世界，更走进了每一位女性的内心深处。

圣罗兰

纯粹的香水艺术

创始人◆

伊夫·圣罗兰
（Yves Saint Laurent）

创始时间◆

1964 年

公司所在地◆

法国·巴黎

圣罗兰香水总是从传统与时尚中不断获取新生和灵感，从而在每个时刻都能以与众不同的芬芳推出新款。它就像一件放在精致黄金饰盒中色彩夺目的珠宝，在全球市场上一直独领风骚。

YVES SAINT LAURENT

一直以来，圣罗兰香水总是在世间男女中施展着浪漫魔法，它不仅是一种香水，更是一种艺术，代表着每个人不同的特质。时尚名品圣罗兰香水是以花卉树木为基调调和而成的，其高雅的瓶樽设计与命名令人心驰神往。雍容大度，品位高雅，又洒脱随意，完美地体现了经典香水以及时尚新潮之风范。在悠久漫长的香水历史中，掀起阵阵波浪的正是圣罗兰香水。

伊夫·圣罗兰说："创造美丽是我的生命。"而圣罗兰香水正是以其优雅简单的造型，令人爱不释手，它有别于传统的组合，将原始的质朴与精湛的工艺融为一体，给人一种具有野性的精湛的感受，令人拍案叫绝。伊夫·圣罗兰自始至终力求高级香水如艺术品般完美，并赋予其纯粹的艺术品位。他说："每一种艺术都有自己的表达方式，我的艺术是用香水来表达的。我要赋予香水一种诗的意境。"这种梦一般的香水，正是源于这个男人的才华和想象。

圣罗兰所追求的不仅是香水的构成，更多的是向女性提出了追求自由、独立的新的生活方式，这样的独创性和先见之明不禁令人赞叹。作为一个具有自然与活力的香水品牌，圣罗兰永远是那么清新、干净、富有亲和力，犹如丛林的神秘、阳光的活力和湛蓝的忧郁，为我们披上自信的外衣，无须过多的言语，我们只管静静地徘徊在其中，而那些香味却在这一片幽暗和宁静中显示出不同寻常的灿烂和激情。那种典雅的灿烂，那种凝重的激情，倾诉着对生活尽善尽美的追求。

YvesSaintLaurent

叛逆的艺术

看似不经意的"喜欢"，它的香气随阵阵轻风婉转吹送到你的耳边，YSL，香水界最有名的 3 个字母，仿佛神奇精致的魔法棒，让所有拥有它的女人，瞬间华丽得不可方物。

伊夫·圣罗兰首先是个艺术家，这意味着他同时是个勇于创新的革命者。他是一个自由的、甚至有些无政府主义的人，而他自己并没

PARISIENNE
YVES SAINT LAURENT

有意识到这一点，也不想成为这样一个人。在整个创作生涯中，伊夫·圣罗兰都具有一种反叛性：他想毁灭旧的一切，以便创造新生。圣罗兰香水汲取了伊夫·圣罗兰的设计灵感，将艺术、文化的多元因素融入香水的设计之中，将普通市民的文化教养与浪漫色彩，超现实地融为一体。其由繁至简的款式设计，线条温婉恰当，款式现代、奢华，色彩鲜艳华丽，衬托出圣罗兰香水鲜明的个性，从而为那些盛气凌人，毫不掩饰心理矛盾，不受任何约束和我行我素的女性增加了一份光彩。在圣罗兰看来，他的香水应该为人类的发展进步作出贡献，使妇女得以进入一个她们早先不可能进入的广阔天地，即男性掌握权力和享有自由的天地，事实证明，他成功了，仅仅凭借那一小瓶香水。

圣罗兰香水强调快乐与性感，它将古典贵族风格的奢华与流行文化的激情与热烈相结合，创造出脱俗、奔放与高雅、华丽共存的无限魅力，从而真实地反映了早先年轻一代的本质和态度，这一代年轻人以从事“自由实验”作为超越自身经历的课题，他们的思想又比时代精神存在得更长久。在这之前，没有任何一位设计师大胆地将所谓存在矛盾的事物同整个艺术作品联系起来，而这些艺术作品在其最初出现时都被视为不符合审美观。圣罗兰香水体现的是用古典主义对抗平庸俗气，用细致严谨对抗轻浮浅薄，用男子气概对抗女人习性，用远东风格对抗西方风格，用“返璞归真”对抗未来派，用运动员作风对抗过分精雕细刻。时尚杂志《女友》主编接受采访时说：“圣罗兰代表奢华与优雅的时尚经典风格。它的每一件作品都是艺术品，尤其是高级香水。”对于香水瓶的设计、香味的敏感、香料的选

YVES SAINT LAURENT

择，圣罗兰都是顶尖的，它的不少作品已成经典，尤其是1977年圣罗兰大胆推出的形象妖艳的女性“鸦片”香水，以其辛辣、神秘的芬芳香味被公认为东方香型的代表品牌之一，曾风靡全球，一直畅销不衰。“鸦片”生来就承继了伊夫·圣罗兰的高贵气质，这是一款奠定圣罗兰的香水事业的世界级香水，古铜色、金色、大红、银色、紫色、闪着银光的黑色，这些礼服上常见的颜色与它出奇地和谐，在晚会上和隆重场合常用到的丝绸、天鹅绒、塔夫绸和闪光的珠饰，都会与它相得益彰。

执香水界牛耳的圣罗兰，用巴黎左岸创新、时尚的独特风情开创了色彩缤纷、浪漫高雅的圣罗兰时代。自1964年推出第一款香水起，圣罗兰品牌始终传达着高雅、神秘以及热情的圣罗兰精神，并代表着香水界发生的革命性的变化：把追求美的权利还给了女性。圣罗兰香水所长期执著追求的信念是：香水不仅仅是用来美化女性的，同时可以使女性变得坚强，使她们有信心去实现自身作为女性的价值。它以叛逆与创造精神，挑战了整整一个时代。

YVES SAINT LAURENT

独具特色的经典历程

圣罗兰香水正以永无止境的创新精神和对潮流的准确把握，为女性提供更加多姿多彩的世界，它的明天也注定会因此更加精彩。

1964年，圣罗兰推出了第一款香水，并以其名字的第一个字母“Y”命名，从而标志着圣罗兰正式进入香水市场。“Y”牌香水属精致纯净的古典香型，恒久的香味吸引了无数年轻活泼抑或古典端庄的女性。1971 年，圣罗兰又创制出“左岸”男士香水，独特的木质辛香调，清香淡雅，让人难以忘怀。其瓶身创作用大胆的银色、黑色条纹相间，带动了当时的流行风，是冷静与智能的个性化选择，充满阳光与自信，清新自然，完全没有造作之感，充分发挥了男人的自信感觉。之后圣罗兰也推出了不少作品，其中最著名的应该是“鸦片”香水。它是圣罗兰第一瓶世界级的香水，也是第一瓶突破传统命名的香水，比 1977 年 CD 的“毒药”还要早。此款香水不仅名字诱惑，而且香水瓶造型参考中国的鼻烟壶造型，暗红色的设计，充满危险与神秘的诱惑力，香味是完全的异国风味：东方辛辣调，是东方调的经典之作。

关于“鸦片”香水还有一个美丽的故事。20 世纪 70 年代初期，伊夫·圣罗兰到中国旅行，他深深为迥异于其过去生活经验的东方风情所吸引，于是携回一只鼻烟壶作为收藏。当他把玩着这只鼻烟壶时，突然想到，会不会有一瓶香水，如同鼻烟壶般瑰丽华美，如同鼻烟壶里所装的鸦片般，充满诱惑，让人上瘾，深陷其中无法自拔呢？“鸦片”香水就这样诞生了。但是当鸦片香水一推出，即因其名而充满争议，可圣罗兰并不认为“鸦片”这个名字是毒品的代名词，而是用它来比喻一种东方神韵。圣罗兰还宣称：“鸦片”是打开众香梦之门的钥匙，是一种用了使人上瘾的香水。难怪它会历经岁月磨炼，依然熠熠生辉，备受女性青睐！

在圣罗兰香水的诸多知名款式中，值得一提的还有 1998 年推出的“In Love Again”香水。它的创作灵感来自伊夫·圣罗兰先生每年亲自绘制的寄给朋友的贺卡中的一张。“In Love Again”的果香是含蓄的，仿佛应该出现在细雨纷飞的天气里，多了一分哀愁，让人怜惜，幻想着这背后的故事。当你沉迷在一丝悲情中时，它又给予你新的感受，是安逸的花香，很典雅，好像很美丽，楚楚动人，但是那丝悲伤的感觉却萦绕不去。香水的前味像昙花一现，中味也不是很长久，当我们正怀疑它的留香是否像过眼云烟转瞬即逝时，它那傲慢的檀香开始弥漫出来，散发着高贵气质，令人彻底陶醉在这清爽的味道里。

圣罗兰的新款女士香水 Cinema，是其自 Jazz 香水以来的另一款以艺术形式为名的作品。它讲述了女人的明星梦：大概每个女人，不管她是低调还是张扬，时尚还是传统，都希望能够以最美的姿态，展示在聚光灯下、镜头前面，不管这个镜头是公众的目光，还是自己爱人的眼睛，哪怕只有一天、一时、一刻。Cinema 香水，就是要给每个女人带来这一刻。其金色的、流光溢彩的香水瓶的设计灵感来自于电影奖项的金奖：奥斯卡，法国电影凯撒奖，戛纳电影节金棕榈奖。这款香水属于经典的花香型，采用了杏花、仙客来、茉莉和牡丹来打造女性魅力，琥珀和白麝香的尾调带来光芒和诱惑。通过这款香水，圣罗兰把这个奖项授予了普通的你我！

YVES SAINT LAURENT

时尚界的弄潮儿

伊夫·圣罗兰曾说："我为女性创造经典香水，让她们与男性一样充满自信。"当他在全世界媒体热切的眼神中，终于宣布告别近半个世纪的设计生涯时，全世界的名媛淑女们都在哀叹上世纪的流行时尚被画上了句点。

2002 年 1 月 7 日，世界顶级设计大师、"20 世纪的活神话"——伊夫·圣罗兰先生在巴黎马尔索大街 5 号圣罗兰时装公司总部举行新闻发布会，不无伤感地向时装及时尚界宣布："我选择与我所钟爱的这一行业再见。"这意味着圣罗兰从此将告别他 40 年的设计生涯，现在的他完全可以摆脱一切世俗去静静地思考他穷毕生精力所完成的事业。回首往事，伊夫·圣罗兰也许还会依稀看到当年那个梦想成功的年轻人，他也还会向他伸出手，告诉他成功背后那个关于创造者的真理："只有经历了无数磨难与奋斗之后，创造者才会有所创造。"

伊夫·圣罗兰自始至终力求高级香水如艺术品般完美，并赋予其纯粹的艺术品位。他说："每一种艺术都有自己的表达方式，我的艺术是用香水来表达。我要赋予香水一种诗的意境。"

1936 年，伊夫·圣罗兰出生于阿尔及利亚一个富裕的家庭。他是保险公司经理查理·马修·圣罗兰和社交界名流露西安娜的三个孩子中最小的一个，也是他们唯一的儿子。小圣罗兰比一般的孩子更为敏感，在学校里他并不是一个成功者，也不擅长男孩子们通常热衷的娱乐，常常被自己的同学们粗暴地排斥在外，这些遭遇使伊夫·圣罗兰成为一个孤独的孩子，他只好更多更深地沉浸在自己的内心世界里，寻找属于他自己的快乐。实际上，这个羞涩内向的男孩心里却揣着一颗不凡的心，伊夫·圣罗兰后来在自传里写道："当我吹灭了 9 岁生日蛋糕上的蜡烛时，随着呼出第二道气，我向周围的亲人们倾吐了心中的愿望：总有一天，我的名字将用火红的字母写在爱丽舍宫门前的大道上。"

圣罗兰香水体现的是用古典主义对抗平庸俗气，用细致严谨对抗轻浮浅薄，用男子气概对抗女人习性，用远东风格对抗西方风格，用"返璞归真"对抗未来派，用运动员作风对抗过分精雕细刻。

1955 年，伊夫·圣罗兰 19 岁，被法国著名时装设计师克里斯蒂安·迪奥雇用，担任助理。两年后迪奥死于心脏病，年仅 21 岁的圣罗兰被选定为接班人，一时成为媒体炒作的新闻。在次年 1 月 30 日举行的时装展览会上，他一反已成定规的紧身细腰风格，推出一种不规则四边形女装，令观众为之惊叹不已。当时的《纽约先驱论坛报》登载文章评论说，伊夫·圣罗兰获得了"时装史上最引人注目的成就"。

1960 年 9 月 1 日，这个受到公众赞扬的小伙子被法国军方征召入伍，但只过了 20 天，使他感到讨厌的军旅生活便宣告结束，因为他害了强度精神崩溃，被送进一所精神病医院，忍受了将近两个月的精神分裂症和狂躁忧郁症的折磨，而大剂量的精神病药物治疗更使他苦不堪言。同年 11 月 14 日，伊夫·圣罗兰病愈出院，并被解除兵役，与贝尔热结伴去位于大西洋东北部的加那利群岛旅游。尽管他已经为迪奥公司设计了 6 届时装秀，但伊夫·圣罗兰仍然由于身体原因遭到了解雇，可这却为他以后的巨大胜利搭建了舞台。1962 年，伊夫·圣罗兰与贝尔热共同创建了一个使现代女性形象为之一新的王国，并确定商号标志为"YSL"。

在我们生活的这个时代里，没有哪个设计师的创造力能与伊夫·圣罗兰相媲美，他所提出的设计思路以其独具匠心的创造性，为大多数公众带来了超前的、无可比拟的魅力。

古驰

恣肆中的美丽与尊贵

创始人◆

古奇欧·古驰
(Gucciop Gucci)

创始时间◆

1975 年

公司所在地◆

意大利·佛罗伦萨

一直以来，世界经历了很多变化，人们的追求和审美观念也随之而改变，但古驰不但声誉卓然，而且仍然保持着无与伦比的魅力。

GUCCI

性感、耀眼、摩登的时代女性，一向是古驰女郎鲜明的标记，而古驰香水则是展现古驰女郎万种风情的一种绝佳手段，它传达出无数的信息，往往令人生出许多遐想和美妙的感觉。有时，我们压根没见到这个女人的容貌，就已经随着她款款的脚步而感到情趣盎然，这或许就是古驰香水引发的性感联想吧？

让古驰成为一种“必须的时髦”，这是古驰香水历来的经营理念。古驰

香水孕育自意大利文化的深厚底蕴，赋予了意大利香水极具魅力的品质象征，其香水高度融合意大利风情文化，经典、传承、个性、时尚，充分体现了现代人丰富的情感世界与个性化的生活态度。古驰香水不但内涵如此吸引人，它的外观也足以让人心动。古驰香水一直以简单设计为主，弥漫着18世纪的威尼斯风情，再融入牛仔、太空和摇滚的色彩，豪迈中带点不羁，散发着无穷的魅力，同样简单却又前卫、朴实却又考究。这恰恰反映出其设计背后的生活哲学正巧契合现代人追求实用与流行美观的双重心态，在机能与美学之间取得完美平衡，不但是时尚潮流的展现，更是现代美学的体现。

古驰的创始人古奇欧·古驰早就发现，上流社会的精英名流都是十分“坚持完美”的。因而展示设计上的体贴入微和品质坚持，是丝毫不可松懈的。这样的“坚持”成了古驰享有声誉的金字招牌。因此古驰香水的世界是一个温暖、感性的世界，同时也是圣洁与纯粹的世界，它用一瓶微妙而充满惊奇的香水，向每个人展示出这个世界的美，让人在芬芳的环绕中，彰显自己的个性，演绎那份含蓄的诱惑，尽情散发出独有的迷人魅力。

意大利是世界著名的时尚和设计之都，从其服装设计到香水设计，从建筑设计到汽车设计，无不体现这一点，这种设计文化孕育了许多著名的世界级香水品牌，具有“意大利的骄傲”之称的古驰香水就是其中的一个，但是所有这一切，都要归功于两个人：古奇欧·古驰和汤姆·福特。

GUCCI 摩登现代的风格

尊贵奢华、灿烂夺目是古驰品牌最典型的风格，古驰高级香水柔润细致、瑰丽耀眼，充满着性感与魅惑。它不但独一无二，还凸显了时尚的品位和追求。

有人说，世界上那些顶尖的设计大师们都是些不甘寂寞的家伙，他们制造出一拨又一拨的流行潮，驱赶着人们不断去寻求新鲜与惊奇。虽然，我们大多数人无法消费得起这些高级产品，但大家还是渴望能从大师们的作品中撷取一些时尚元素作参考。

古驰品牌一直以生产高档豪华产品著名。无论是香水、服装还是皮包，在时尚之余都不失高雅本性，更以“身份与财富的象征”而成为富有的上流社会的消费宠儿，一向被商界人士垂青。早在1921年，古奇欧·古驰就开始用他的名字制作设计独特、品质精致的皮件，并把名字缩写印在商品上，很快，印有双G标志的皮具成为优质和身份的象征，古驰品牌经营的范围也由佛罗伦萨扩大到罗马、米兰等地。20 世纪 50 年代，直条纹帆布饰带开始被应用在配件装饰上，并注册为商标，著名的双 G 花纹也在同一时期被设计出来。其产品的独特设计和优良材料，成为典雅和奢华的象征，为索菲亚·罗兰、温莎公爵夫人等淑女名流所推崇。

创造了古驰传奇的意大利设计师汤姆·福特更是以他的独特，为古驰增添了一抹别样的色彩，为更多的时尚人群带来了与众不同的感受。“性感”历来就被设计师们从许多不同的角度诠释着，但不可否认，由汤姆·福特创造的古驰的“性感”是其中最令人难忘的。古驰代表着女性艳光四射的性感形象，仿佛是熊熊燃烧着的烈火或者热情的安达卢西亚女郎，爱恨都清楚明白地写在脸上。1997 年初，古驰推出的“嫉妒”男士香水，从香味构思、瓶子设计、广告创意皆一手包办的汤姆·福特干脆开宗明义地推销其性感理念：“他是一个你想要、其他人也想要的男人，也许那并非是最主要的，但他身上肯定具备一些其他人渴望拥有的东西。他是你午夜的梦中情人，是那种你起床后仍然还想拥抱的男人……”果真是坦率得可爱、坦荡得可敬，不但如此，此款香水的目录和广告宣传更印上一帧帧男女赤裸裸的镜头。真可以说，古驰不但要玩尽天下男女的性感，而且是世纪末性感的代言品牌或最佳演绎品牌。

就服装而言，汤姆·福特极力塑造的古驰型男人，套句设计师本人的话就是“极乐主义者或者花花公子，他潇洒有型、喜欢花钱享乐，钟爱追求物质生活，不论抽烟、喝酒或是享受性爱；他追求高贵华丽的感觉，异常性感，人生苦短，所以更要及时行乐”。而这些服装上的设计理念都被无一例外地灌注于古驰香水的创意中。

秉承着超凡卓越、极至绚烂的

设计理念，古驰已被世界公认为极具影响力的重量级香水品牌。新摩登主义，是媒体对汤姆·福特设计的古驰香水的评论。在汤姆·福特引导下，古驰掀起的时髦、时尚、性感等话题，至今也没间断过。古驰香水设计师汤姆·福特认为，清新、持久将是香水业发展的总趋势。他预计，10年后，人人都会用到香水，到那时，古驰必然会以更现代的技术、更创新的理念来迎合时代的需要。

GUCCI 古驰传奇经典

让所有的产品至精至美、无可挑剔，是古驰的一贯宗旨。古驰强烈的品牌形象永远引领风骚，带动流行。

想到古驰，恐怕最先映入你脑海的该是它那款最著名的香水——“嫉妒”，一方面是因为几乎在所有古驰专柜，“嫉妒”都以它巨大而简洁的长方形瓶体矗立着，而且更引人注目的是，它的灯箱广告性感无比。据说，这是香水界首次使用的非常性感的图片。“嫉妒”是于1997年推出的。其名字的由来是一条时尚真理：若让别人妒嫉，就该拥有嫉妒。名为“嫉妒”的女士香水，顾名思义，就是令人对擦上它的女性既羡且妒。它以葡萄花为香味材料，又以群花如风信子、木兰花、铃兰、茉莉、紫罗兰及麝香等精华制成。这个极富花香诱惑的柔淡香水，瓶身设计表现出古驰一贯的大都会风格，整体修长而透明，如现代摩天大楼般简洁利落的建筑风格，大方流畅而又简单完美。充满性感与时尚的“嫉妒”充满年轻的气息，它让抛开了爱情包袱的年轻女孩，尽情地享受欢愉和对爱情的浪漫憧憬！嫉妒，古驰在时尚界得到这样的“殊荣”，实在是件让古驰人感到得意的事情。

“嫉妒”是于1997年推出的。其名字的由来是一条时尚真理：若让别人妒嫉，就该拥有嫉妒。名为“嫉妒”的女士香水，顾名思义，就是令人对擦上它的女性既羡且妒。

2002年深秋，古驰首度推出与品牌同名的I香水，它是一款总结了数十年来的成功经验，由古驰创意总监汤姆·福特亲自设计、制造、指导，代

GUCCI

表着古驰品牌精髓的经典香水。古驰以贯有的现代品牌形象，采用历久弥新的东方花香调，置装于线条简洁的水晶玻璃瓶中，再用巧克力色的卷标加强装饰，创造出华美高贵又符合传统个性的细腻香水。这款经典香水洋溢着浓浓的复古味，充满女性魅力的东方花香调，在麝香的衬托下，更显余韵！它是与古驰品牌同名的香水，是有着科涅克白兰地色彩的香水，不管潮流如何变化，它将会永远屹立在古驰的精品店中，成为古驰的精神象征。继此款香水之后，古驰在 2003 年深秋，特别推出了古驰女士香水亚洲版，它以“自然光亮、”“性感诱惑”、“经典时尚”为三大主题，也是代表古驰品牌精髓的经典香水。

继首度在全球推出古驰女士香水亚洲版后，古驰在 2003 年岁末特别推出了古驰男士香水。这款香水鲜明的风格及独特的优雅，表现出男性的性感。其奢华的辛辣香型，混合着珍贵的木材，综合琥珀和皮革的香气，搭配着线条简洁的水晶玻璃瓶，映着象征摩登与经典的琥珀色，深棕色的瓶盖保留着金属本身的粗犷感，瓶底加厚使光线投射出底部的千鸟格纹，从而创造了古驰永恒的经典。古驰男士香水代表着一种奢华、尊贵、优雅的男人味！

沿袭古驰新时代的设计风格，古驰的新世纪香水产品更充满着鲜明的时代特色。古驰这款专为女性设计的新香水被命名为“狂爱”。汤姆·福特说，“狂爱”代表着能量、速度、投入、冲动的意思，这也是新时代要求女性必须具有的心理素质。在香型设计中，“狂爱”所蕴涵的内容也得到了充分的发挥。它用木香作为开瓶香，味道稍有些刺鼻，但却显得与众不同，有股“冲”的味道；中味则以玉兰、香草为主料，并以玫瑰为辅料，这些富于东方气息的花香，令人兴奋；“狂爱”的后味沿用了非常性感的香料——檀木香和从动物中提取的香料，中味中的玉兰花又给后味增加了许多清新的味道，更令人投入。简单、直接、趣味则是“狂爱”在外观设计中所要体现的，红色抢眼而富于趣味，包装设计像音乐的磁带盒，充满着乐感。新的材质具有耐磨、光泽和亮感的特点，体现着新世纪流畅的线条和概念。

今天的古驰已成为财富与地位的象征，成了新贵和明星们的身份标志。这个源自意大利的品牌，就好像一位立足于大地、一步步踏出自己的路的坚强女性一样，正在走向新的辉煌。

就服装而言，汤姆·福特极力塑造的古驰型男人，套句设计师本人的话就是“极乐主义者或者花花公子，他潇洒有型、喜欢花钱享乐，钟爱追求物质生活，不论抽烟、喝酒或是享受性爱；他追求高贵华丽的感觉，异常性感，人生苦短，所以更要及时行乐”。而这些服装上的设计理念都被无一例外地灌注于古驰香水的创意中。

GUCCI 两个时代的古驰

古奇欧·古驰创立了古驰香水品牌，而汤姆·福特更是将古驰的传统品牌改变为崭新的摩登形象，把这个百年历史的品牌推向另一个高峰，成为年轻一族时尚的经典代表。

意大利是世界著名时尚和设计之都，从其服装设计到香水设计，从建筑设计到汽车设计，无不体现这一点，这种设计文化孕育了许多著名的世界级香水品牌，具有“意大利的骄傲”之称的古驰香水就是其中一个，但是所有这一切，都要归功于两个人：古奇欧·古驰和汤姆·福特。

1921 年，古奇欧·古驰在伦敦某饭店担任行李员，他看到旅客们携带着各式各样的行李箱，再加上生于重视工艺的意大利佛罗伦萨，因而他兴

古驰的创始人古奇欧·古驰早就发现上流社会的精英名流都是十分“坚持完美”的。因而展示设计上的体贴入微和品质坚持，是丝毫不可松懈的。这样的“坚持”成了古驰享有声誉的金字招牌。

起开一家店的念头。之后，他回到佛罗伦萨，开了一家专卖皮箱和马具的小店，古驰集团的种子自此开始萌芽。经过半个多世纪的发展，古驰的背包和平底软鞋已成为家喻户晓的时尚名牌，而古驰的名号，在20世纪五六十年代之间，就成为财富与奢华的象征，深受当时的名女人所爱戴，这其中甚至包括美国前总统约翰·肯尼迪的夫人杰奎琳·肯尼迪等。1953年，古奇欧·古驰因古驰家族长期以来的明争暗斗，被害辞世。此后，古驰品牌也因授权过度泛滥而沦为处处可见的大众化品牌，营运每况愈下。

1994年，风光一时的古驰集团濒临破产边缘，律师出身的狄索尔接下了这个烫手山芋，并延揽才华横溢的设计师汤姆·福特。成长于美国、常年在外汲取创作灵感的汤姆·福特，其设计风格具有鲜明的美式特色——简约、流畅、性感，这在崇尚繁复的欧洲格外引人注目，也更符合现代青年的审美要求，这使汤姆·福特获得了极大的成功。在很短的时间内，汤姆·

福特以他前卫、时尚、大胆、简约的设计，使渐渐走向低潮的古驰重新变成了最受欢迎的时尚品牌之一，从女装、男装，到饰品、香水，古驰的产品赢得了全世界年轻消费者的心。

在汤姆·福特的手中，古驰由中年持稳的品牌转型为年轻时尚精品的代言人。而这位年轻的首席设计师在好莱坞的人脉也成为古驰对外宣传的最佳利器。许多明星都会在公开场合穿着古驰的服饰免费替该品牌作宣传，包括麦当娜、凯瑟琳·泽塔琼斯、格温妮丝·帕尔特罗等。他们认为是汤姆·福特良好的商业意识与敏感的时尚触觉给古驰带来了今天的繁荣。

汤姆·福特在古驰担任的角色包括设计鞋、箱包、手表、男女时装、品牌形象和广告策划，监制和推广古驰的两款香水“嫉妒”与“狂爱”。对于汤姆·福特来说，古驰香水的成功得来不易，这个行业虽然利润巨大但竞争十分激烈，很多大品牌推出的香水如昙花一现。而汤姆·福特监制的香水广告总是以观念大胆而格外醒目，他曾经策划过一个著名的香水广告——女模特全身仅着一双古驰金色细带高跟鞋和一串珍珠项链躺在黑色皮草上，模特身材圆润，姿势惹火为广告引来无数争议。汤姆·福特知道怎么把东西漂亮地卖出去，他可以让广告接近伦理道德所能承受的底线，引起反响，却不是被禁掉，他的原创性不是体现在他的设计上，而是早在10年前他就先于任何人意识到，随着时尚业日益全球化，营销术与人际关系比设计更重要，尽管不强调自己的艺术天分，但他的设计足够使投资商和社会名流们心悦诚服。

“性感”历来就被设计师们从许多不同的角度诠释着，但不可否认，由汤姆·福特创造的古驰“性感”，是其中最令人难忘的。古驰代表着女性艳光四射的性感形象，仿佛是熊熊燃烧着的烈火或者热情的安达卢西亚女郎，爱恨都清楚明白地写在脸上。

在汤姆·福特的掌舵下，6年内，古驰的年销售额从2.63亿美元升至22.6亿美元，而汤姆·福特简洁的性感与20世纪70年代风格相结合的设计，这些年来一直风靡于时尚界。古驰的再一次辉煌离不开汤姆·福特。正因为如此，古驰香水国际市场总监说：“古驰的历史可以分为两个阶段，第一阶段的古驰是属于传统型的，第二阶段的古驰则具有鲜明的时代特色，它自1995年开始，被称为汤姆·福特时代。”

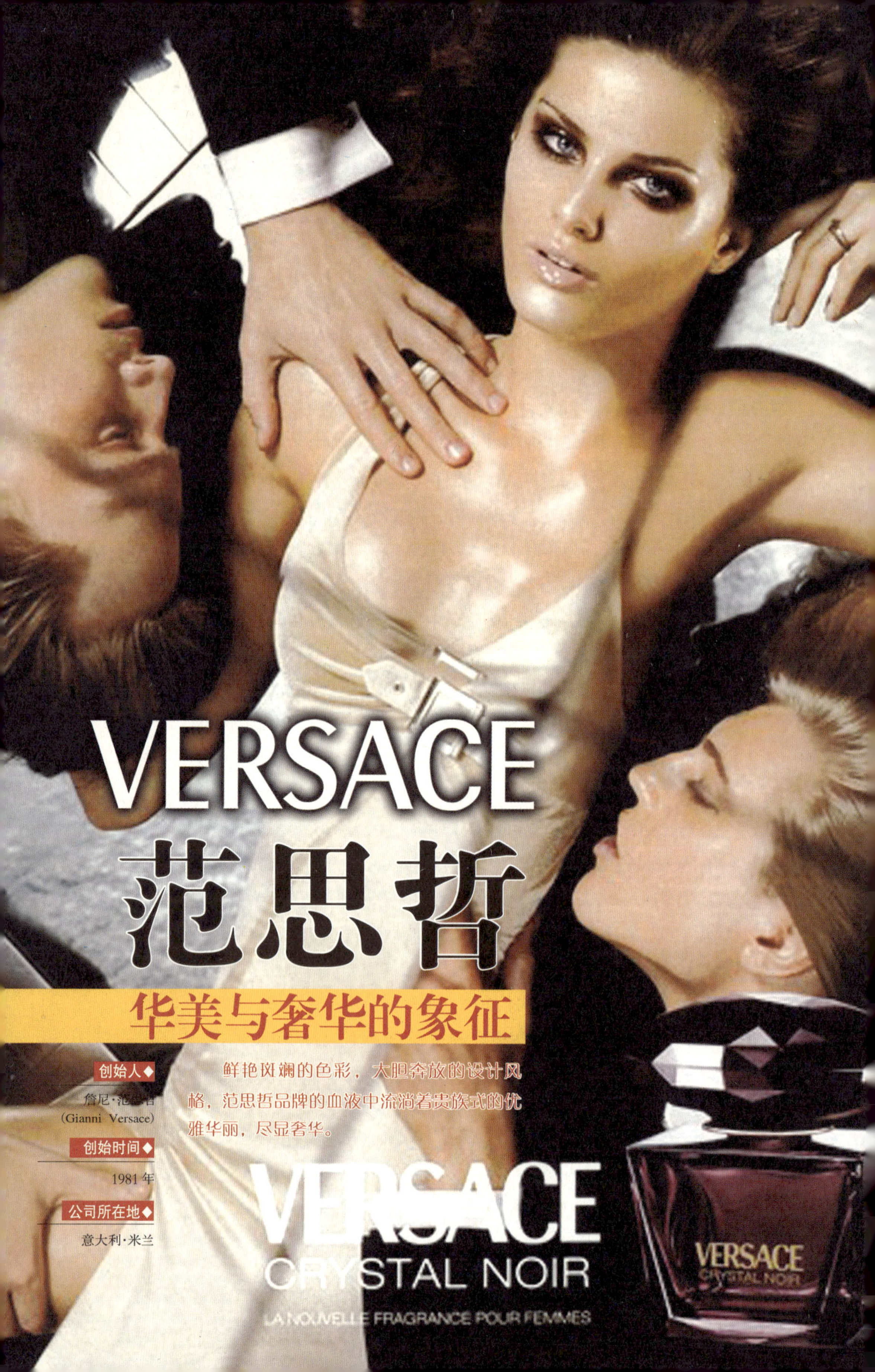

VERSACE
范思哲

华美与奢华的象征

创始人◆

詹尼·范思哲
(Gianni Versace)

创始时间◆

1981年

公司所在地◆

意大利·米兰

鲜艳斑斓的色彩，大胆奔放的设计风格，范思哲品牌的血液中流淌着贵族式的优雅华丽，尽显奢华。

意大利，这个美丽的国度总是散发着迷人的香味，这些足以让意大利的香水设计师们汲汲于捕捉那些味道，然后把香味装进象征这个世界天空的小瓶子里。意大利迷惑人心，米兰激发幻想——这正是詹尼·范思哲赋予香水的精神。

范思哲，这个享誉全球的时尚品牌，是意大利古典文化与现代精神的完美结合，它如一股来势凶猛的飓风，席卷和摇撼了时尚界的旧秩序，赋予时尚以崭新的概念。范思哲香水秉承了范思哲品牌一贯的艳丽、性感和奢华的风格，兼具古典与流行气质，并游走于高雅和低俗的艺术之间。豪华是这一品牌的设计特点，那些宝石般的色彩，流畅的线条和独具魅力的不对称瓶身，使范思哲香水总是大放异彩。此外，它在注重艺术感表达的同时，更加注重“浪漫愉悦的情调，充分体现了香水的魅力”。范思哲香水洋溢着幽幽花香，气味清新高雅，简单而纯粹，令人时刻精神饱满、干净而清爽，它充分体现了生活在大都市的人们匆忙而自信的品格，以及那股奋发向上的力量。

范思哲香水一如艺术品，给不同的人在不同的时间、场合与情绪下带来特别的感受。每一款范思哲香水都是艺术品，更重要的是，这些艺术品不仅是单纯的艺术品，也同时成为范思哲世界的象征物之一。范思哲一向热衷于中古时代的风格，偏爱浓郁艳丽的色彩，细密华贵的图案，同时不经意地流露出强烈的现代感。无论是女性妖娆婀娜的阴柔美，还是男性强健硬朗的阳刚美，都被毫不掩饰地尽情加以表现，洋溢着一种纯粹享乐主义的气息，深受人们的欢迎。

正像詹尼·范思哲所说，他的生活中不可缺少的是梦想和创造梦想，他创造的香水王国仍在不断地为人们实现梦想。天桥上，橱窗中，范思哲香水，无不极尽张扬优雅华丽之能事，这就是一个典型得让人着迷的奢华品牌——范思哲。

VERSACE 让奢华成为文化

无论是艳丽性感，还是典雅端庄，范思哲的作品中总是蕴藏着极度的完美，充满着濒临毁灭般强烈的张力。

著名的意大利品牌范思哲代表着一个品牌家族，一个时尚帝国，它的设计风格鲜明，独特的美感表现着极强的先锋艺术。范思哲最富魅力的地方就是那些展示充满文艺复兴时期特色的华丽的具有丰富想象力的元素。这些元素性感，女性味十足，色彩鲜艳，既有歌剧式的超乎现实的华丽，又能充分考虑舒适性。一年十几亿法郎的营业额，充分说明了范思哲品牌的成功。

范思哲帝国的品牌标志是一个蛇发女妖与金色太阳的形象。女妖美杜莎是古希腊神话中的一个妖怪，它因为过分炫耀自己的美丽而得罪了女神，从此漂亮的面孔变得丑陋，原来的美发变成了毒蛇，它的头发由一条条蛇组成，发尖是蛇的头。独具慧眼的詹尼·范思哲，将美杜莎形象作为他香水的瓶盖、时装的配饰纽扣、首饰、腰链和T恤及面料的图案，让人们从那火辣辣的印花纹和那些窈窕女装的线条上感受到一种妖艳的震慑力，这种震慑力正是范思哲一生的追求。

范思哲品牌具有鲜明的个性：强调快乐与性感。它具备古典贵族风格的奢华，加之流行文化的直露与大胆、激情与热烈，创造出闪烁于粗俗、奔放与高雅、华丽之间的无限魅力。它所创造的女性形象性感而充满诱惑，毫无顾忌地穿着超短裙，洋溢着范思哲极具诱惑的香味，却又不可思议地流露出一种宫廷式的典雅。这一矛盾在范思哲的香水和服装中和谐地并存

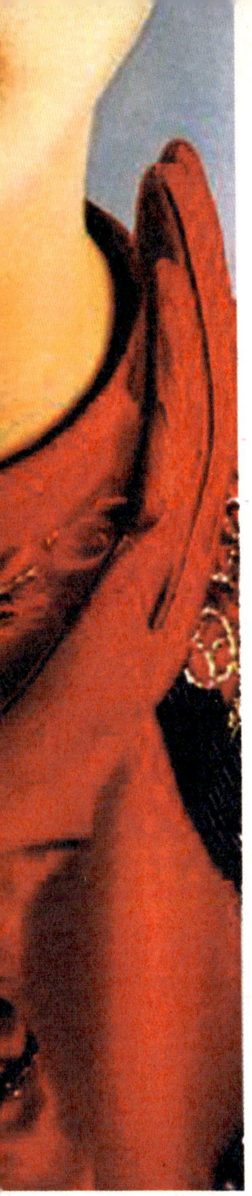

着，碰撞出激情，并使他的作品充满了内在的扩充力。

范思哲的设计风格是别具一格的，有些裸露，充满性感，并着重运用明亮、夸张的色彩，曾被《时代》杂志形容为“年轻的暴君”。对范思哲本人来说，现实中的一切，艺术，戏剧，都是灵感的源泉，但女性更是他灵感的源泉：作为朋友的女性，作为敌人的女性，温柔的，暴躁的，风趣的，娇憨的，严肃的，但从来也不使人厌烦的女性。而范思哲香水也正是奉献给这些女性的，其色泽不管是浓艳还是淡雅，都源于大自然。新型的原料加上先进的技术，使范思哲香水是那么柔和，那么舒适，那么持久。范思哲曾说过：“我设计的时候是为了表达我内心的感觉，而不是为了一种外在的商标，我是唯一对顾客最忠实的设计师。”自始至终，跨越性别的隔阂，范思哲对女性的理解胜过上帝。他像一个出色的雕塑家，把女人的心声表现得淋漓尽致、充满无尽的诱惑。他的 Versace Women 香水，不仅展现了女性的柔美，又拥有范思哲独具的华丽与优雅元素，香水瓶身上更是以镶缀的宝石让奢华气氛达到极至。

对很多女人而言，范思哲早已不仅仅是一个奢侈品牌，更成为一种几近疯狂的渴望和迷恋——好像范思哲的蛇发女妖美杜莎一样，她的美貌如此蛊惑人心，有致命的吸引力，即使见到她立刻化为石头，也在所不惜。当夜幕降临，一片皎洁的月色温柔地洒向意大利这片黄金海岸时，范思哲宫殿在深蓝色海水的映衬下显得更加神秘，就是这座宫殿正在张开它神秘的翅膀，以时尚的气息吸引每位来自世界各地的富豪。

VERSACE

前卫而独到的香水王国

不同风格的范思哲香水令人忽而感到安静而从容，忽然又变得迷人而充满诱惑力，时而外向，时而内秀，将人本身复杂的多变性与矛盾性完美地结合起来。

范思哲品牌的成功得力于家族团体的努力。詹尼·范思哲是个天才设计师，哥哥圣多·范思哲是个了不起的经营管理家，妹妹多纳泰拉·范思哲则致力于宣传推广，他们相互分享彼此的天赋，把工作、家族、团体的概念和谐地融合在一起，显示出强劲的实力。

香水很早就是詹尼·范思哲的重要业务之一。他的第一款香水于1981年问世，名字就叫做“詹尼·范思哲”。其瓶身别具特色：56个切面与棱形的底座相映，成为引人注目的钻石形。这是一款女用的花香型香水，也是一款优雅诱惑的香水，全身上下洒满它的时候，任何人都会像一颗钻石一样清澈怡人。因为拥有钻石，就等于拥有了美丽与自信!

范思哲帝国的品牌标志是一个蛇发女妖与金色太阳的形象。女妖美杜莎是古希腊神话中的一个妖怪，它因为过分炫耀自己的美丽而得罪了女神，从此漂亮的面孔变得丑陋，原来的美发变成了毒蛇。詹尼·范思哲，将她作为标志，让人们从那火辣辣的印花纹和那些窈窕女装的线条上感受到一种妖艳的震慑力，这种震慑力正是范思哲一生的追求。

由于詹尼·范思哲本人富有超乎寻常的灵感和创作的激情，他把牛仔浪漫、惊险和传奇性的生活演变成了“牛仔”系列香水，从而成为范思哲香水的经典之作。1994年，詹尼·范思哲推出红、蓝“牛仔情侣”香水，这是专门为年轻的男士和女士设计的。两款香水的包装都是75毫升，象征着男人和女人在这个世界上的统一性。它们都带有精致的、与众不同的味道：为女士们准备了充满花香、果香的味道，为男士们准备的是令人喜悦的木香及温暖的东方感觉。两款香水具有同样的诱惑力，让人梦想着拥有它们，体会它们，使它们成为自己与情侣心与心交流的纽带。对于詹尼·范思哲本人来讲，他希望这款情侣香水是舒适、自由的化身。用他本人的话说，即像牛仔裤一样简洁，像牛仔裤一样富于色彩，像牛仔裤一样朝气蓬勃，具有像牛仔裤一样的风格。范思哲“牛仔”系列香水，就是牛仔浪漫生活的体现。其设计超越时间、空间的限制，体现无拘无束、年轻、喜悦、馨香的感觉。红、蓝“牛仔”香水是范思哲推出的“牛仔”系列香水中的第一款，也是詹尼·范思哲从此之后以每年一至两款的速度推出新香水的开端。

在这以后，范思哲“牛仔”系列香水中比较著名的有以下几款：1996年推出的女用浅粉红及男用浅蓝香水，此两款均为淡香水，

以淡雅、温馨为特色；1997 年新推出的范思哲黑、白牛仔系列。这两款香水有别于范思哲原先的几种牛仔系列香水，它们不采用以前的鲜亮色瓶身，而分别用朴素的全白或全黑色。外形方面则更加洗练，又多了几分传统的华贵之感。

1999 年，詹尼·范思哲推出“V／S 女士”香水，它采用范思哲“versace”字母缩写 V／S 作为香水标志，与范思哲时装标志一致，体现出范思哲品牌的时尚哲学——在“时尚、顾客满意及品牌个性上寻求平衡”。Versus 的 V／S 含有相对、不对称及对称的意思，这个灵感来源于相对立事物所具有的相互吸引力。“V／S 女士”香水包含有相互矛盾的香味：活跃、跳动的白柠檬香、橘子花香和肉桂香与细腻深沉的麝香、鸢尾花香、香草花香和桔梗香，统一、和谐、迷人、成熟、吸引、完美且又不失个性，是一种全新嗅觉的理解。2000 年，全新解释香水概念的范思哲“V／S 男士”香水出品，这是范思哲为了表现男人的多变而设计的，体现了男人性格中的内向和外向，温柔和狂野，同时体现了男性的时尚魅力。

不论推出的是哪一款香水，都可以让你感受到詹尼·范思哲对生活的美好向往——年轻、喜悦、绚丽。一如对范思哲品牌的定位：明亮、华丽且快乐。

詹尼·范思哲的灵感来源于女性的性感，他对于女性的美有着不倦的好奇和追求，他不受任何羁绊，没有禁忌。

詹尼·范思哲

VERSACE 时尚界的恺撒

今天，詹尼·范思哲的名字代表着一种品位，一种时尚潮流，他已成为一个声名远播时尚界的“恺撒大帝”，一个自称为“时装之王”的世界上最伟大的裁缝。

詹尼·范思哲 1946 年生于意大利南部的一个贫穷的小城。母亲费兰卡开了一家名叫“巴黎淑女”的裁缝铺，这深深地影响了詹尼·范思哲兄妹一生的命运。从跟母亲学艺开始，詹尼·范思哲就踏上了时装设计的道路，去巴黎成了他少年时的梦想。1978 年，他推出范思哲女装，并很快开了第一家专卖店。1981 年，詹尼·范思哲的第一种香水问世，他也很快在米兰时尚界脱颖而出。1989 年，他把意大利风格引入巴黎，向法国人展示了一种另类的写意奔放的设计风格：崇尚的是积极进取，宁可因过激而表现出唐突、莽撞，也绝不落入平庸。很多演艺界人士也因此而喜欢他，因为是他把设计升华为艺术。

詹尼·范思哲的灵感来源于女性的性感，他对于女性的美有着不倦的好奇和追求，他不受任何羁绊，没有禁忌。他认为“女人就是女人”，这种观念使詹尼·范思哲在对女性的刻画上，着力表现女人性感的一面，曲线优美的造型，加上适当的夸张。他的服装总是贴体而比任何人的用料都少，衣服的领子常开至肚脐，他的紧身衣的缝制使女性的每条曲线都完美展现，开缝间的花边若开若合，从而使身体若隐若现，具有隐约的撩拨感。而范思哲香水更是为女人的全部魔力而奉献的兴奋水，它捕捉住女性炫目的个性和对生活的热情，创造出无数华美的意象。

范思哲香水秉承了范思哲品牌一贯的艳丽、性感和奢华的风格，兼具古典与流行，并游走于高雅和低俗的艺术之间。

自 1978 年创立以来，范思哲品牌以其独特的风格迅速成为国际品牌，这一卓越成就得益于两个方面：一是詹尼·范思哲独到的艺术眼光，二是他一丝不苟的创作精神。他对设计倾注了大量心血，寻找新型材料，力求“衣不惊人死不休”。詹尼·范思哲的设计，把古典、传统的风格融于现代风格之中，在视觉上给人们带来超时代的、引人瞩目的新鲜感。他擅长对色彩的运用，如用黑色来协调红、黄、蓝、绿等鲜艳的亮色，使他的作品色彩亮丽、动人。同时，他也不放弃对灰色的运用，因为优雅的灰色可以显示出高雅宜人的格调，简练的外形轮廓、准确的比例感觉，富于灵感的梦幻般的色彩及精美的包装，使他的设计从头至脚组成了一个和谐的整体。

20世纪80年代，热爱音乐的詹尼·范思哲看到摇滚音乐在青年中的影响正不断扩大，便抓住这一契机，与摇滚乐明星合作，推出了摇滚服，这是他事业的一大转折。家乡的山山水水和文化传统为詹尼·范思哲成长为设计大师提供了坚实的基础，他的故乡有古罗马、古希腊文化的遗址，而社会风气中古典文化的影响很深，这对詹尼·范思哲个人风格的形成无疑具有决定性的作用，从范思哲的作品中可以看出这种社会风气对他青少年时代的艺术熏陶。在这种良好的文化背景下，经过20多年的努力，詹尼·范思哲终于成为可与意大利另外三位时装大师乔治·阿玛尼、古驰和瓦伦蒂诺比肩的奇才。

范思哲一向热衷于中古时代的风格，偏爱浓郁艳丽的色彩，细密华贵的图案，同时不经意地流露出强烈的现代感。

奢华和荣誉始终在他临终前的近20年伴随着他，詹尼·范思哲创造的无数个奇迹使他无疑成为上世纪末时尚界最炙手可热的设计师之一。在人们的心目中，范思哲品牌是意大利时尚的标志，而詹尼·范思哲本人则是当之无愧的大师。詹尼·范思哲善于结交社会各界名流，在他的豪宅里经常举办各种大型聚会，许多名人都是他的座上宾，他很善于利用名人来为自己制造商业奇迹，在这方面，他可谓不惜重金，而范思哲无疑也为这些人创造了最时髦的一种生活方式。不幸的是，1997年7月15日，范思哲遭枪击，猝然死亡，这一天也因此而成为世界时尚史上最为黑暗的一天。

詹尼·范思哲去世后，范思哲品牌由他的妹妹多纳泰拉担纲设计，她延续了詹尼·范思哲的一贯风格，既含蓄又外露，在理性与感性之间表现女性的精致美感，使范思哲品牌源源不断地演绎出更多的美丽。

“皇帝的珠宝商，珠宝商的皇帝。”英国国王爱德华七世这句赞美，百余年来始终跟随卡地亚左右。

Cartier

SO PRETTY DE Cartier

卓越不凡的尊贵气质

创始人◆

路易·弗兰科斯·卡地亚（Louis Francois Cartier）

创始时间◆

1981 年

公司所在地◆

法国·巴黎

卡地亚

尊贵、奢华、身份与地位的象征，拥有150年历史的卡地亚，为瑰丽无匹、巧夺天工的珠宝历史写下了辉煌的篇章，卡地亚之名也与其珠宝一样璀璨耀目，光芒不可直视。而卡地亚香水，则是珠宝制造艺术和香水艺术的有机结合。它的每一款香水都是独一无二的珍贵艺术品，它们都是创意新颖、设计非凡的，都是富有想象力的，使人在香味和瓶子的世界中自由驰骋，尽情演绎出卡地亚的华贵、典雅、精致和厚重之美。

卡地亚香水，是珠宝制造艺术和香水艺术的有机结合。它已成为法兰西生活艺术及高雅品位的象征，并每时每刻都在演绎着美的真谛——美在于简单而不在于繁复，在于和谐而不在于冲突。

卡地亚香水已成为法兰西生活艺术及高雅品位的象征，它每时每刻都在演绎着美的真谛——美在于简单而不在于繁复，在于和谐而不在于冲突。卡地亚香味是清新的、有活力的、有生趣的，就像来自口中每天都说着的话，不经意间被清晨的微风一吹即逝，却换来阵阵佛手柑与甜橙的幽香，将沉醉于轻轻偷吻的思绪，留在门边。卡地亚香水还是深藏不露、难以表达的，恰似一种需要保留于心中的感受，害怕一个不留神，就出卖了那抑压于心中的愤怒，那埋藏于心底的沉重，但是转眼之间，一切都被那种香草根、橡树、青苔永不妥协的气息克服。卡地亚香水又是亲密时刻的轻轻细语、是独有的一种高于快乐的诱惑，是一个温文尔雅的甜蜜片段。刹那间的愉快、温馨、性感，源源不绝的感情流露，送来隐隐约约的桦树薰香。

卡地亚香水会让你在举手之间不经意地闪烁着男士的优雅、女士的妩媚。这一刻，周遭的仰慕视线会为之凝聚，任你自信横生。它触动肌肤，让你感到时光流逝的脚步轻轻巧巧。分分秒秒中，流金岁月里的成功与失败、欢笑和泪水都变得无足轻重，唯有一颗灵敏、热爱生命与自然的心才能享受香水的无穷魅力。

卡地亚香水本着出色的制作工艺，融合了经典美学，再加上当代精神的演绎，从珠宝到香水，把天地间的奢华与精华融为一体。它是卡地亚辉煌传奇历程的完美见证，引领着世人去探寻卡地亚这个深邃而迷人的艺术世界。

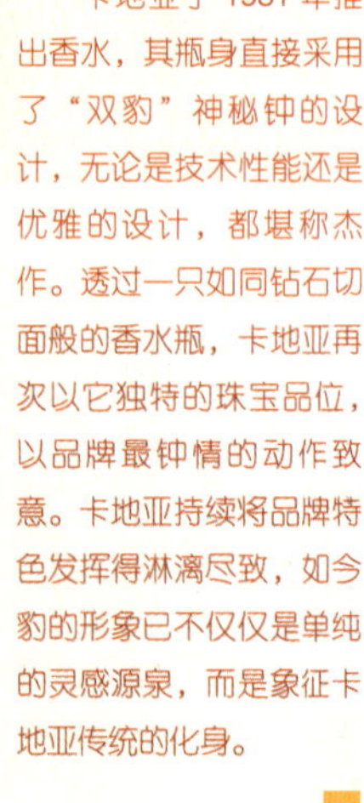

CARTIER
创意无限，成就不凡

卡地亚，一个备受推崇的品牌，犹如一位客串的演艺明星，时常在广阔的舞台上扮演着自己的角色。

把卡地亚品牌归为尊贵的“至高境界”，一点都不夸张，因为150多年来，卡地亚香水、珠宝、腕表始终是世界皇室贵族、影坛巨星和社会名流的理想装备，喷洒、佩戴着融合精美设计和精湛工艺的杰作使他们寻求高贵生活的美梦成真。而卡地亚商业帝国的建立，也使更多的人得以在这个梦中游弋、徘徊……

卡地亚于1981年推出香水，其瓶身直接采用了“双豹”神秘钟的设计，无论是技术性能还是优雅的设计，都堪称杰作。透过一只如同钻石切面般的香水瓶，卡地亚再次以它独特的珠宝品位，以品牌最钟情的动作致意。卡地亚持续将品牌特色发挥得淋漓尽致，如今豹的形象已不仅仅是单纯的灵感源泉，而是象征卡地亚传统的化身。

卡地亚闻名于世的标志最初只是一个名字，这个名字是由两个相同的法国姓氏首字母排列在一起组成的，在卡地亚三兄弟和他们父亲的努力下，“卡地亚”的名字于19世纪末享誉国内外。如今，双“C”标志是珍贵和时尚的标志，铂金、黄金和钻石将这一标志赋予生命，传扬着卡地亚独有的文化。以品牌历史为基点，延伸出自身的创意研发，卡地亚本着这一理念，力求每一件卡地亚作品都在传达卡地亚的历史氛围，都在反映卡地亚的品牌形象，呼应客户对品牌形象的需求，而非在时尚圈中随波逐流。这正是卡地亚永不为潮流、时间所淘汰的主要原因，更是卡地亚义不容辞的时代使命。

卡地亚源源不绝的创意和出众的设计，已使它成为香水界中的佼佼者。一次又一次地将艺术与科技完美结合，令人刮目相看。曾几何时，香水，只为了芬芳而存在，然而，卡地亚香水的

完美，摆脱了时间羁绊，将香水工艺推上更高峰。它不再只是一款散发着香味的香水，而是一件跨越时空的深情艺术品。卡地亚的这种品质不仅体现于香水，更贯穿于它所有的产品中。

浪漫的法国巴黎以其鲜明的时尚风格展现并哺育了匍匐膜拜的时尚信徒，卡地亚的灵感来源似乎永不枯竭，但卡地亚却一直将自己的根基放在巴黎这个创意中心。卡地亚在巴黎的工作室，依据卡地亚第三代继承人路易·约瑟夫的原作不断开发出新的创意，件件成品都令人赞赏不已。在这里，他们找到了无边无际的灵感激发与完全意义上的表达自由，从而将卡地亚遍及五大洲的足迹，各种文化、形态与概念的洗礼具体化为令人目眩神迷的作品。

卡地亚“宣言”男士香水，散发着大自然的生命气息。玻璃瓶折射出里面金黄通透的液体，清澈自然，令人感觉没有时空与国度的限制，让人舒坦地道出心底宣言，更拥有了把爱大胆表明的勇气。

在100余年的发展历程中，卡地亚创作了许多光彩夺目的美妙作品。这些作品，不仅作为创作上的精品，即使在艺术上也值得欣赏玩味，而且它们往往因曾归属名人，而被蒙上一层传奇色彩。从印度王子订制的巨大项链，到曾与温莎公爵夫人行影相随的虎形眼镜，以及大文人科克托充满象征符号的法兰西学院佩剑，卡地亚讲述了其发展史上的一个又一个传奇故事。

CARTIER 永远的经典

延续150年的经典与浪漫，卡地亚跨进了崭新的领域，却依然散发瑰丽璀璨的光芒，传达着世间最美好的语言都无法言喻的文化传承。

世界上的女人们都梦想自己能够得到卡地亚设计的东西。百余年来，作为世界上最著名的珠宝商，卡地亚已成为高贵、珍稀和无与伦比的美丽的代名词。

1847年，路易·弗兰科斯·卡地亚刚开始创立他的事业，就立刻得到了

must: Marque créée et déposée dans le monde entier par CARTIER depuis 1973, devenue synonyme de ce que l'on fait pour accéder à un style de vie privilégié.

must de Cartier : Parfum lancé par CARTIER en 1981 au château de Versailles. Tendances orientales, aux notes subtiles de Mandarine, Jasmin, Rose, Santal et Vanille. Exclusivement féminin..."Elle ne porte que le parfum MUST DE CARTIER."

96

国王的青睐。当传到了卡地亚第四代继承人时，卡地亚公司在 1981 年迈出了戏剧性的一步，推出了两款极具创意的香水。为女性设计的是“唯我独尊”，这是一款充满了诱惑和性感并带有东方色彩的香水，装在由椭圆形打火机引发灵感而设计出的香水瓶中。它还是一款意义深远的香水，因为它呈现出一种新的香水理念，那就是作为夜用型香水，其香味可以覆盖在日用型之上，并且相得益彰。卡地亚的另一款香水是专为男人设计的“运动男香”，用来纪念巴西飞行员山度士·杜蒙。它是一款强调男性魅力的男用香水，以佛手柑、熏衣草、罗勒及小豆蔻等香料作为带点辛辣气息的前味；在中段则转为融合新鲜无花果、风信子及天竺葵的清新气息；直至最末由东方木、橡木苔、檀香及麝香等散发出馥郁沉稳的木质香气。绿色清爽自然的包装尽显独特个性，1987 年，卡地亚公司推出花香木香型的“豹女郎”香水，这一香水的设计灵感来自时髦的“豹女郎”形象。豹在古希腊文化中代表着漂亮的女子，亚里士多德也曾说过：“在自然界中，没有任何动物像豹一样有这种好闻的气味，豹是唯一一种因为某种神秘的原因闻起来具有自然香的动物。”因此这款香水瓶身上的两翼是两个精巧的水晶豹，而其前味呈现出夜来香及茉莉的清淡干净，接踵而来的是岩兰草、爪哇薄荷、豆蔻带来宁静及舒缓的中味，最后由广藿香、琥珀及麝香的结合，让“豹女郎”的香气更加悠长，其独特的气味颇受人们的喜爱。

为了纪念路易·约瑟·卡地亚对他妻子的怀念与深爱，卡地亚公司于1995年推出了依照他妻子的昵称而命名的香水——“美丽佳人”女士香水。这是一款带着橘香和花香的清新香水，它具有鸡尾酒般的迷人香味。芬芳果香的前味，迷人花香的中味，以及木质清香的后味，调和成一种令人难忘的独特味道，使女性的温柔可人与神秘迷人均糅合于其中，独具情怀。其独特的瓶身设计，仿佛镶嵌着晶莹剔透的水珠，散发出如水晶般的光泽，华丽漂亮，简洁精致，整体演绎出卡地亚浓厚的女性气息，更能见证女人的恒久魅力。

1997年，卡地亚推出两款香水。一是“宣言”男用香水，以俄罗斯的白桦木、意大利的佛手柑、非洲的橘子为前调；艾草、小豆寇为中调；以香柏木、海地的香草根及橡木苔为后味，令人感受到大自然的生命气息。玻璃瓶折射出里面金黄通透的液体，清澈自然，令人感觉没有时空与国度的限制，可以舒坦地道出心底宣言，更拥有了把爱大胆表明的勇气。另一款是为庆祝卡地亚创建150周年而首次发行的一款具有特别价值的香水“龙之吻”，这款香水瓶的外观设计除了延续现代感与质感并重的卡地亚传统精品路线外，更充分体现出浓厚的中国文化特征，黑色的线条切割与当中的“寿”字形相融合，一阴一阳，一刚一柔巧妙地平衡着，展现出既高雅又现代的气息。

2002年，卡地亚以更充满活力的热情气息，推出“自信之水”限量版。充满大自然新生活力的清新前味，较阳刚的琥珀、西洋杉等后味，加上清澈、沁凉的绿色透明椭圆柱瓶身与底部水滴雕塑造型，象征着大自然源源不绝的活力与绿意生气，无论香味或瓶身设计皆给予你自信的活力精神。其圆润而简单的瓶身，摆脱传统构思的喷头，在光线的反射下，散发出层迭分明的宁静感。“Cartier”的英文字母围绕着冷静而优美的灰色外盒，散发出独特的品位，是一瓶极具收藏价值的香水。

时值今日，卡地亚的艺术领域不断拓展，旗下产品除香水外，还包括首饰、手表、丝巾、眼镜、打火机，其经典地位一直屹立不倒。事实上，无论是卡地亚的哪一件作品，都传达了卡地亚品牌对设计工艺的挚爱与坚持。在创新和充满艺术内涵的领域里，卡地亚总是获得骄人的成绩，其风格不仅受到全世界的推崇，同时更代表了品牌经典恒久的美学风范。

CARTIER 设计至上，经典传承

卡地亚的目标不仅是单纯地制作香水和珠宝，同时也试图以自身丰富、显赫的历史为基础，透过新的创作传达出品牌的价值。

卡地亚一直被公认为是世界上最知名的顶级豪华品牌之一，是世界珠宝和手表制作领域的巨匠，也是高级香水的代名词。它的成功，来自卡地亚祖孙三代的努力。

卡地亚的创始人是路易·弗兰科斯·卡地亚，他原本是做枪械军火生意的，后因兴趣不合转行，从学徒开始学着做首饰生意。1847 年，他承接师傅在巴黎的店铺，随即以创新的彩色宝石饰物名噪一时，更获得女王垂青，第一张皇室订单也于 1859 年发出，从此卡地亚就与皇室结下了不解之缘。路易·弗兰科斯·卡地亚在珠宝首饰的款式设计上尽可能求新求变，这迎合了 19 世纪欧洲中产阶级“新贵”的口味。他还建立了与欧洲各国王室之间的关系，拿破仑三世就特别喜爱戴用“卡地亚”制作的首饰。此后，路易·弗兰科斯·卡地亚专攻权贵主顾的商业策略，使得卡地亚的名声如雪球般愈来愈大，不但誉满欧洲，其声名更远达俄罗斯、印度及南美。

随着名声的不断壮大，路易·弗兰科斯·卡地亚希望能建立家庭事业，将工艺传授于儿子阿尔弗雷德，于是他让阿尔弗雷德以合伙人的身份参与业务，最后在 1874 年将店铺交与他经营。之后，阿尔弗雷德又将卡地亚公司的国际发展业务交给他的三个儿子——路易、皮埃尔和雅克。三兄弟分别在巴黎、伦敦及纽约开店经营，将卡地亚的声誉传播开去。兄弟三人四处奔波开拓业务，他们曾先后被十几个国家授予皇家委任状。在卡地亚伦敦工作室，他们以最新式样重新为印度土邦主镶嵌珠宝饰物；在美洲，他们在财务金融界和现代企业领域开拓，其中包括洛克菲勒、范德比尔特、古尔德和福特家族的代理业务。

在这三个人当中，路易是阿尔弗雷德的长子，也是卡地亚家族中的第三代领导人，亦是卡地亚文化中的灵魂人物。他像是诗人，追求完美，又像魔术师，能把完美的梦想一一实现，他带领卡地亚迈入了新的纪元。

路易有杰出的艺术才华，又是精明的生意人。早在20世纪初，路易已接受包括埃及、波斯湾及东方在内的多方面风格的影响。后来因受俄罗斯芭蕾舞的启发，再加上他的天分直觉，他的设计更趋于抽象及散发几何元素特质，追寻一种纯洁的感觉。他用鲜明的色彩和新的素材，创造出一种全新的风格。他还找到设计家查尔斯·杰库为他创作世界一流的珠宝饰品，又觅得被称为“美洲豹”的杰出女设计师珍妮·杜桑女士，并使“美洲豹”型珠宝成为卡地亚的标志。不论是在传统设计还是在独特的构图上，路易都成功地赋予它们以和谐协调，令它们都呈现出卡地亚的风格。

实际上，路易不仅是才华横溢的设计师，更具有精密心思，不断钻研技术。他对珍贵的饰物及制造香水、眼镜付出同样的心血，投下精巧的工艺技术，取得很多专利。他亦从这些领域真正感觉到自己在设计制造方面的天分。“魅幻时钟”即为珠宝镶嵌的惊世杰作，它将每况愈下的钟表制作工艺推向新里程。他还曾亲自前往俄国探求最珍贵的石兽雕像，更在1910年将重达44.5克拉的旷世奇珍“希望”蓝钻卖给了Evalyn Walsh Mclean夫人。正因为这种对珠宝的强烈热情和持续的投入，使得卡地亚成为当今珠宝艺术方面无可辩驳的权威，公司在路易的管理下不断推陈出新。毫无疑问，他已经将珠宝艺术进行了全面革新，把设计高级珠宝、钟表饰物变成一门艺术——卡地亚的艺术。如今，历经150多年的洗礼后，卡地亚这个百年品牌仍在以其卓著的文化传统，继续向世界演绎着它的魅力。

创始人◆

乔治·阿玛尼
（Giorgio Armani）

创始时间◆

1982 年

公司所在地◆

意大利·米兰

ARMANI
乔治·阿玛尼

简洁高雅的代言

心香瓣瓣，浪漫飘香，乔治·阿玛尼香水融合了优雅中性的设计和女性妩媚性感的特质，展现了女士优雅高贵、淳厚迷人的独特魅力。

“乔治·阿玛尼香水永远都让人风度翩翩”，如果你正在为不知用什么香水而伤脑筋，不妨试试这句流行于欧美上流社会的香水指导。

优雅高贵是女性永恒的向往，作为阿玛尼时尚王国一部分的阿玛尼香水，它的每一款香水都融入了对优雅的关注。淡淡的色彩和温柔清雅的花香与肌肤赤裸裸地相贴，透过气息的舒缓，清晰地衬出乔治·阿玛尼香水优雅、简洁、现代、感性的永恒魅力。它犹如一个刚刚下凡的纤纤仙女，晶莹剔透而清新脱俗，总是免不了露出与生俱来的高雅气质。就在这种优雅与古典中，乔治·阿玛尼香水透出一种诱人的自闭、一种品位化了的沉闷、一种压抑的性感与一种内敛的光华，绝不张牙舞爪，绝不高声喧哗，但在高度自觉与自恋中，也绝不放过任何飘移闪动的目光。

现代时尚的审美标准把香水刻画为自己的高尚气质，借着优雅香气的暗暗传送，展现出其独特的个性魅力和文化形象。乔治·阿玛尼香水，能让人充满自信，彰显个性，甚至令人出类拔萃，它那个性化不同的香型主宰着香水的个性，并赋予使用者不同的气质。选择乔治·阿玛尼香水的人，大多内敛但不缺乏激情，他们富有智慧和教养，表面上沉默寡言，其实他们的内心世界却是那样丰富，使得我们不可能去完全的揣摩。他们很少表现出自己的情感，但是优雅性感的气质使得他们在不觉察的时候已经将那源源不断的能量传播，就像他们身上那清新而感性的香气，流露出文雅之士才有的魅力！对乔治·阿玛尼人来说，狂热是“以我们余留的时间，奉献给内在的欢愉”，深沉中却是力量充沛的饱满，原来内敛里的能量冲击也可以造就如此狂热、非常的“Giorgio Armani”。

乔治·阿玛尼香水并不启发人们童话式的梦想，它追求的是自我价值的肯定和实现，给予女人的是魅力，给予男人的是自信，并使人深切地感受到自身的重要。因此，乔治·阿玛尼香水所诠释的不仅仅是一种风格，更是一种精神状态，一种超越时尚的生活方式。它永远与潮流同步，折射出时代精神且永不落伍，传达出鲜明的独一无二的品牌理念：优雅，智慧，独特的个人风范。

ARMANI

塑造乔治·阿玛尼的高雅风格

阿玛尼香水高雅简洁，庄重洒脱，具有十足的意大利大家风范。
它在轻盈飘逸中透露出淡淡的俊秀感，使人耳目一新。

乔治·阿玛尼本人说过，自己推出香水也是为了满足那些喜欢乔治·阿玛尼品牌但是买不起品牌服装的人。因此乔治·阿玛尼香水实际上是其品牌服装的液体名片，凸显的是优雅与简洁。乔治·阿玛尼的服装实用性很强，这决定了其香水气息也真实而不招摇。最好的元素，来自最考究的剪裁。为了让这种液体名片更为精粹，乔治·阿玛尼先生在原材料上投入了极大的精力，各种香水成分的添加和融合，都在精确的比例中得到确认。每一款产品都融入了对纯度、舒适度和优雅度的关注，每一种气息都得到了全新的诠释。“香水与你如影随形，看似不经意却无时不在你的气息中，而不是某种毫无生命力的标签。”乔治·阿玛尼香水雅致而不招摇，真实而不伪装，它对于个性魅力的展露，具有点石成金的魔力，令“生活者”无法抗拒。

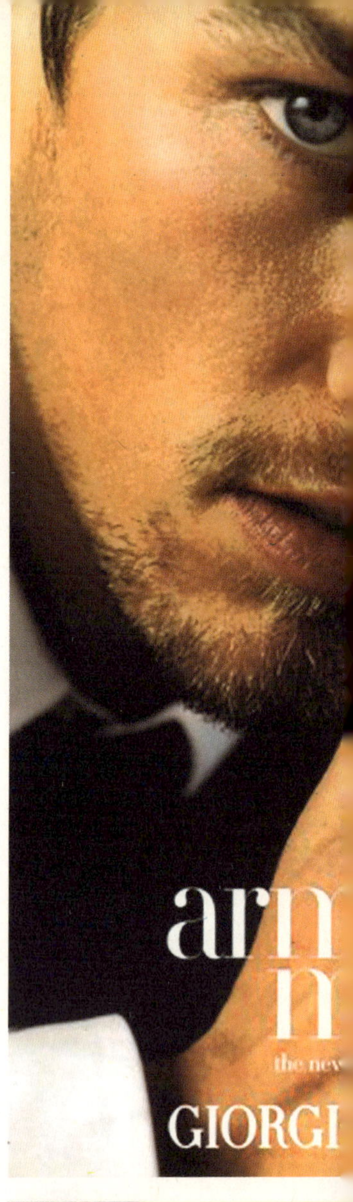

如今，乔治·阿玛尼的创作渐趋成熟，他认为浮华夸张已不是今日潮流，即使是高级香水也应保持含蓄内敛的矜持之美，这种理念给20世纪80年代的香水界吹来一股轻松自然之风。由于这种男香女用的思想与20世纪20年代为香水作出突出贡献的设计师香奈尔所提倡的精神有着异曲同工之妙，因此乔治·阿玛尼被称为“20世纪80年代的香奈尔”。进入20世纪90年代，在款式简单、用色谨慎的风格下，这位强调“不着痕迹的优雅”的意大利设计师乔治·阿玛尼先生，又将他的设计理念归纳为：删除不必要的装饰，强调舒适性和表现不繁复的优雅。从而以色彩来平衡消费者追求和谐的需求，以简单的剪裁和低调、中性的色彩来表现优雅的气质，这种简单、优雅、追求高品质而不炫耀，“看似简单，又包含无限”的独特品质，被很好地灌注于乔治·阿玛尼的香水中。

香水所拥有的激情与幻想的力量是无限的。任何人都有过这样一种体验：某种气氛在刹那间唤醒了你对一个人、一件事、一个特殊的场景、氛围或一种情感的记忆。有教养、有品位或性格沉稳文静的女性，更容易选择乔治·阿玛尼香水，

因为其风格所独具的不凡的气质，正是完全为那些高格调女性而准备的。乔治·阿玛尼香水塑造了一个嗅觉新经典，它那带有橙花油及迷迭香的配搭，让人感觉生机勃勃，它的华贵也和它的整体风格一样，从没有过分夸张，连精心推敲的设计和香味都是含蓄而优雅的。

乔治·阿玛尼无疑是时尚界高品位的最佳诠释，雅致的风尚，使乔治·阿玛尼香水征服了全世界有品位的女性，而对于那些正打算拥有乔治·阿玛尼香水的女性来说，乔治·阿玛尼是对其个人品位的极大挑战，因为对于这一品牌的香水来说，只有单纯的时尚气质是不够的，那些时尚的女士最好额外准备上充裕的文化空间，去感悟设计大师融入其中的真正时尚内涵。相信那时你一定会体验出乔治·阿玛尼香水所带给你的最高境界。

乔治·阿玛尼说过，自己推出香水也是为了满足那些喜欢乔治·阿玛尼品牌但是买不起品牌服装的人，因此乔治·阿玛尼香水实际上是其品牌服装的液体名片，凸显的是优雅与简洁。

ARMAIN 时尚的弄潮者

乔治·阿玛尼香水中透露出的精心推敲的设计和香味是含蓄而优雅的，这使得重视时尚的人几乎都有共同的想法，在一生中至少得拥有一款乔治·阿玛尼的香水。

在时尚界恐怕没有人不知道乔治·阿玛尼，这位来自意大利的设计大师创造出的朴素而又雅致的时装令全世界为之着迷。如今，他的王国已从服装扩展至配饰、香水等各个领域。它的乔治·阿玛尼香水，具有很强的透明感，芬芳纯净，在一般人的眼里，唯乔治·阿玛尼香水才是名副其实的名牌中的香水。

1982 年，乔治·阿玛尼的第一款女用香水问世，名字就叫“阿玛尼”，用可爱的八角形

瓶子装着花香型的香水。10 年以后他进一步推出了“乔”，其瓶身线条明朗、大方而简洁。这款香水要传达给我们的并不是另类感觉，而是一种前卫的、由内至外的性感。乔治·阿玛尼亲笔设计了“Gio”（乔）三个字母，这让乔治·阿玛尼迷们趋之若鹜。诠释时尚与轻松的“乔”香水是大自然的象征，糅合了风信子的细致优雅，玫瑰、茉莉的柔和，桃子、琥珀、香子兰及木料的清新，仿佛一位美丽的女子，在生命中散发出丝丝幽香。

笛卡尔曾经说过：“我思故我在！”在 2003 年春天，乔治·阿玛尼推出新款女性香水“Sensi”，它延续着这样的至理名言。“Sensi”的意大利文原意即为“感受”的意思，因为感受，所以存在着价值，Sensi 散发着女人感官的魅力，细致而优雅，也是乔治·阿玛尼创造的灵感来源。作为一款充满着木质、东方气息和花香的香水，Sensi 也呼应了乔治·阿玛尼心目中最热爱的东方气息！调香师便循着这样的方向，设计出这款充满着神秘东方风情的香水。花香细腻的 Sensi 搭配着鹅卵石造型的瓶身，盛载着清新而细腻优雅的花香，隐隐的幽香触动着每根神经，让女人充满柔美的性感。值得一提的是，这款香水的平面广告是由国际知名导演张艺谋拍摄的，在拍摄的过程中为了能够充分捕捉Sensi带给人感官上的神秘，甚至大费周章地动用灯光效果，呈现出最性感柔美的金色风情。

Get Together呈现了乔治·阿玛尼系列香水的设计主题，表现男女间追求亲密、相互融合的自然渴望，这款男女配对香水拥有独立的两性特质，其实就反映了乔治·阿玛尼这位大师的真实性情。这两款香水在香型上同中求异、异中求同，其木质麝香是共通的语言，却又各自散发不同的香味和气质。继Get Together香水之后，乔治·阿玛尼再推出新作“Mania”，作为品牌创立25周年的纪念，也为旗下为数不多的男士香水再添一支生力军。Mania属于清新木质型男士香水，扁长椭圆的雾玻璃瓶身，灰色的瓶盖延伸着瓶身的线条，表现出Mania简洁细致的质感，却潜藏着源源不断的气味，无论前调的刺激还是后调的温馨都散发着神奇的魅力。清香淡雅的气味无处不洋溢着冷静与智慧的个性，清新自然，温文尔雅，完全没有造作之感，充分彰显男人的自信，同时，深沉中却是力量充沛的饱满——原来内敛里的能量冲激也可以造就如此狂热、非常的阿玛尼。

美国前总统克林顿、电脑大亨比尔·盖茨都是乔治·阿玛尼的顾客。在好莱坞，他更是影星们迷恋的设计师。他的照片登上了《时代周刊》的封面，而在此之前，时装界只有迪奥曾获此殊荣。

乔治·阿玛尼的男士香水代表作要数“激情男士”香水，它大胆结合各种不同香味的风貌，更突出了它毋庸置疑的男性气概。整体包装采用了充满男性气概的弧曲线造型，融合了力与美，并充分呈现典雅的品位，其磨砂雾玻璃瓶则表现了清新而感性的一面，完全地衬托乔治·阿玛尼大师级的风格。香气与肌肤融为一体，如自然体香般散发出来。“激情男士”香水在男性香水市场中占有一席之地，多年来一直深受有品位男士的热爱。

乔治·阿玛尼现在已是在美国销量最大的欧洲香水品牌。就设计风格而言，它以优雅和简洁而闻名，既不潮流亦非传统，而是二者之间很好的结合。一直以来，阿玛尼品牌紧紧抓住国际潮流，创造出富有审美情趣的女用、男用香水，从而主导着国际时尚界。如今，乔治·阿玛尼公司已成为一个年销售额将近16.4亿欧元的王国，它拥有5000名员工、13家工厂，在全球37个国家拥有300余家分店，其品牌乔治·阿玛尼也已成为简约、职业、成熟的代名词，它的X线条和黑白色调更是全球职业女性的最爱。

ARMAIN

优雅的大师——乔治·阿玛尼

在好莱坞，乔治·阿玛尼更是影星们迷恋的设计师，美国前总统克林顿、电脑大亨比尔·盖茨也都是他的顾客。他的照片登上了《时代周刊》的封面，而在此之前，时尚界只有迪奥曾获此殊荣。

如果编制一份世界上最杰出的时尚大师名单，你绝对不应漏掉乔治·阿玛尼，他在国际时尚界是一个富有魅力的传奇人物，他设计的作品优雅含蓄，大方简洁，做工考究，集中代表了意大利的时尚风格。他曾经在14年内包揽了世界各地30多项大奖，其中包括闻名遐迩的“Cutty Sark”，并且男装设计师奖被他破纪录地连获六次。乔治·阿玛尼品牌也因乔治·阿玛尼的卓越表现，在大众心中超出其本身的意义，成为了事业有成和现代生活方式的象征。

乔治·阿玛尼香水并不启发人们童话式的梦想，它追求的是自我价值的肯定和实现，给予女人的是魅力，给予男人的是自信，并使人深刻地感受到自身的重要。

乔治·阿玛尼于1934年出生在意大利。为了实现家人的愿望，他学习了两年医学，当时他对时装还没有产生兴趣，直至1957年，他决定退学，加入拉瑞那斯堪特百货公司担任采购一职。其后，27岁时，乔治·阿玛尼转而为切瑞蒂工作，后来又以业余身份替数家公司担任时装设计助手，他因此奠定了自己丰富多变的风格特色。20世纪70年代中期，乔治·阿玛尼遇到了自己的爱人兼合伙人塞尔焦·加莱奥蒂，从而创立了以自己名字命名的企业，他的名字也渐渐在时尚界响亮起来，事业也从此蒸蒸日上。最终，乔治·阿玛尼成为20世纪最具影响力的时尚大师之一。

不像其他科班出身的设计师那样，乔治·阿玛尼在18岁的时候根本就是默默无闻，如果我们现在回顾他以前的作品甚至会觉得很可笑。然而随着时代的发展，乔治·阿玛尼也在逐步走向成熟，就他的设计风格而言，它们既不潮流亦非传统，而是二者之间很好的结合，其香水似乎很少与时髦两字有关。事实上，在每个季节，乔治·阿玛尼的设计理念都会有一些修改，全然不顾那些足以影响一个设计师设计风格的时尚变化，因为他相信品牌的质量更甚于形式上的更新。

乔治·阿玛尼一直制造着时尚。在两性性别越趋混淆的年代，乔治·阿玛尼是打破阳刚与阴柔的界线，引领时尚迈向中性风格的设计师之一。乔治·阿玛尼大学念的是医科，服兵役时担任助理医官，这决定了理性态度的分析及其世界均衡的概念是他设计的准则。乔治·阿玛尼设计创造并非全凭空想，而是来自于观察，他在街上看见别人优雅的穿着方式，便用他的方式重组，再次创造出他自己的、属于乔治·阿玛尼风格的优雅形态。许多世界高级主管、好莱坞影星就是看上这种自我的创作风格，而成为乔治·阿玛尼的追随者。

许多年来，乔治·阿玛尼总是以休闲但是一丝不苟的个人形象出现，灰色的头发整齐地梳着，穿一件海军蓝的开司米开衫，配一件简单的T恤衫和卡其布男裤。他既不吸烟也不喝酒，据说，他的刀叉餐具都是层层包裹好的。他拒不说英文，意大利语不离口，因此他一直被媒体形容为一个沉默寡言、害羞而骄傲的人。乔治·阿玛尼一旦做起事来像着了魔一般，“工作就是我的生活，”阿玛尼曾这样说道，“我没有闲暇留给他人。”

另外，乔治·阿玛尼本人也是一个少见的艺术家兼头脑精明的商人，他无论在时尚风格还是在营销管理上都高瞻远瞩，引领乔治·阿玛尼公司迈向成功之路。他不仅积极地参与集团的管理和决策工作，更亲自全面监督设计和创作等工作。如今，71岁的乔治·阿玛尼本人已是全球最受瞩目同时最受欢迎的设计师之一。不过，美国著名时尚研究者Erica Corbellini教授强调：“如果我们把乔治·阿玛尼仅仅看做是一个设计师的话，那么他所经营的乔治·阿玛尼公司可能只是另一个华伦天奴，事实上，乔治·阿玛尼既是设计师也是企业家，他的成功在于能够整合从生产到零售部门的所有资源，打造全系列的产品。”或许，这是对乔治·阿玛尼最为中肯的评价。

大卫杜夫

创始人
季诺·大卫杜夫（Zino Davidoff）
创始时间
1984 年
公司所在地
瑞士·奥廷格

男人内心的深泉

以香水闻名于国际的大卫杜夫，自创立至今，一直是世界上最芳香四溢的香水品牌之一。它使你在芬芳的环绕中尽情散发自己独有的迷人魅力，彰显个性，演绎那份含蓄的诱惑，令人赞叹不已。

男性香水，只要不是很艳丽、很浓烈，不给人以惊鸿一瞥的视觉感受，大多是受人默许的。一位深沉、冷俊的男子身上飘来的一股淡香，远比一位浓艳女子身上所散发出的霸道香气容易让人接受。作为世界上最著名的男用香水品牌之一，大卫杜夫香水给人的第一感觉像一杯红酒，那一刻我们似乎忘却了整个世界，淡淡的木香味，醇醇的，骨子里透露着时尚生活的精致与优雅，充满着智慧与感性的味道，略带着浓浓的思念，风吹过，

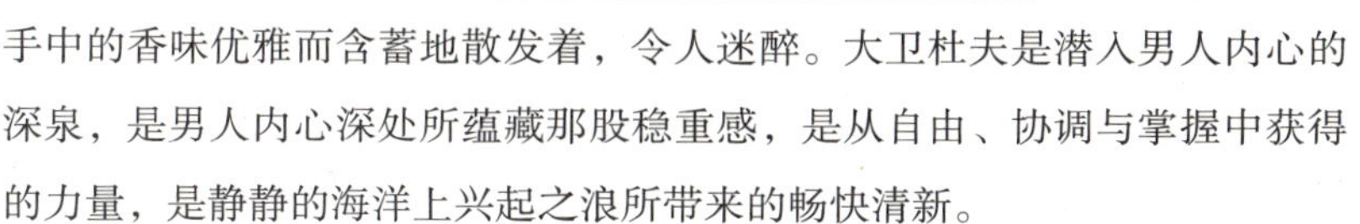

手中的香味优雅而含蓄地散发着，令人迷醉。大卫杜夫是潜入男人内心的深泉，是男人内心深处所蕴藏那股稳重感，是从自由、协调与掌握中获得的力量，是静静的海洋上兴起之浪所带来的畅快清新。

悉心选择的优质香料，只为带来更高一级的享受。本质，向来都是最重要的。季诺·大卫杜夫深明此道，所以它在挑选香料时，分外严谨，加倍小心。季诺·大卫杜夫曾说：“我们在市场上推出的大卫杜夫公司的最好香水之所以等待这么长时间，是因为香水需要时间去沉淀。配制香水是一种不同凡响的体验，因为你需要把产自不同年份、不同农场、不同土质的香料混合在一起，这样才可以做出希望的味道。”对于鉴赏家们来说，大卫杜夫香水是一种独特文化的典型代表：愉悦是生命的激情所在。所有的大卫杜夫香水都有着卓越的品质。

大卫杜夫香水诉诸内，也形诸外。卓越之处，有目共睹。典雅外形，看起来，充满艺术感，用起来更充满优越感，这正是大卫杜夫给懂得艺术

季诺·大卫杜夫一生都秉承着的信念就是“做任何事都是要冒风险的，我的人生哲学是，不冒风险就永远不会成功”。

的人们带来的独一无二的满足感。在它所开拓的一个独立的香水王国里，我们盘旋于过去与未来、影像以及香味的万花筒之中。难以言喻的融合激起无尽的惊奇，这时需要做的只是去全心诠释它的激情带给你的无限魅力。

DAVIDOFF 更精致，才能更完美

大卫杜夫总给人一种色调含蓄却又历久常新的感觉，它不断创造着完美的、艺术化的作品，其香水有那么多不可言喻的妙处，溢满千变万化的梦想、回忆与微妙的灵感直觉，是歌颂片刻的惊喜，直抵人深深沉醉的生命中。

作为世界上最富盛名的品牌之一，大卫杜夫不仅因为它的雪茄闻名于世，它的香水同样引人关注，成为独特和优越的代名词，它代表着现代人的时尚生活方式：精致、美好、时尚生活的体验，它所蕴涵的意义是成熟的内涵、高雅的品位、尊贵的气派、热爱生活和追求成功。这种追寻完美的信念和精神，从过去到现在，从未改变，一直延展至未来。

大卫杜夫香水以现代且雅致的方式，重新诠释着清新气氛。多种木质的协调构成芳香香味的中心，带出成熟稳重的男子气概。前味是令人兴致高昂的柑橘和奇异果，以及仙人掌液所给予的意外而微妙的海洋风味；以榄香、鼠尾草、西洋杉针来呈现的中味则是清新而辛辣痛快的，亦共鸣着的那浓郁的成熟男性味道；不是那么显露的、最后才带出的后味，是零陵香豆和桧木与麝香和岩蔷薇所散发的经典味道。选择大卫杜夫香水的男士大都对生活充满持续的激情并为之积极不懈地努力拼搏。这类男士自信、健康、活力四射并且极富感染力，其感性的男子气概和勇于面对挑战的自信与激情，就如同那空气中的香气一样冲击着身边的所有人。不墨守成规、不拘泥现状，不被现有的一切束缚，他们时刻充满着对生活的无限渴望，于优雅感性中散发出动感和力量的男性特质。他们现在可能不是最优秀的，可是他们终有一天会是。

大卫杜夫有一句名言，叫做“品味质量就是品味生活”。大卫杜夫向来重视品牌建设，不断致力于品牌形象的全球推广，旨在创造一种更为现代、更有未来感的生活方式。深谙研发内涵的大卫杜夫曾用诗意的语言赞美其生产者："我不得不向我们的香水师们表示敬意，他们不但让香水成为艺术品，更使这些艺术品的创造者成为大师。与他们一起工作是最值得兴奋和高兴的事，因为是他们使大卫杜夫不断破旧立新，创新自己的产品线，开发出更令顾客满意的产品系列。"

如今，大卫杜夫追寻完美的理念不断地为人们带来更好的生活享受，在新一代设计者的带领下，它又再度回到属于它独有的自然元素里。在今后的发展过程中，它将走得更远，潜得更深，因为只有这样，它才能探索自我的途径，也才能找到全新的答案与可能。

DAVIDOFF 制造美丽生活

作为欧美流行香水的主流品牌，大卫杜夫表达了人性中的温柔和力量，如同流水，永远纯净自然。

香水是用水做的。虽然香水以香料精华溢出清香，但水才是构成它的重要元素，正因如此，在时尚界吹了多年的简约风之后，简简单单、清清淡淡的水更成为香水创造者的宠儿。像是一波来自大海的波浪，又似涌出山涧清泉的溪流，近年许多品牌皆不约而同地推出一批味道清新、感觉纯净的淡香水，大卫杜夫就是其中一员。

作为烟草业传奇人物的季诺·大卫杜夫，于 1984 年创造出以他自己名字命名的第一款香水之后，不断带来具有诱惑力的香水。"神秘水"即是他的又一得意之作，在欧美市场，它已成为香水界的主流产品。它凝聚了大自然中最重要的元素——水、清新空气及植物的芳香，它为男性捕捉到了水的神秘和精髓，被称为"来自肌肤之下"的香水。它的味道是精细品味和对照后的杰作，让人沉浸在花瓣中充满了果实的浓厚香味。纯净、清新的感觉与花的芬芳天衣无缝地组合在一起，就像使用它的男性，敏锐、性感但又不乏绅士风度，长期受到男性使用者的青睐。

1988 年，大卫杜夫推出新款男性香水 Cool Water。此款香水是以海洋为创意蓝本，设计出清新、蔚蓝、自然的风格，极简主义的

大卫杜夫香水诉诸内，也形诸外。卓越之处，有目共睹。典雅外形，看起来充满艺术感，用起来更充满优越感，这正是大卫杜夫给懂得艺术的人们带来的独一无二的满足感。

个性，完美呈现都会男子内心的自然与浩瀚。它在分类上属于清新的辛香带熏衣草香和琥珀香。香气组成依次为熏衣草香、茉莉花香、橡苔香、麝香和檀木香。而 Cool Water Woman 则是大卫杜夫在 1996 年继 Cool Water 后推出的女性香水。这是一款怀旧的女性香水，以此作为人们对地球上生命之水的礼赞。它开宗明义地将“女人是水做的”理论进行弘扬，将源自世上最漂亮的水源汇聚于滴滴的香水精华中，就连广告也以蓝蓝的海洋、淡淡的清水为背景，始终伴随着那种纯净的海洋气息，赤裸上身的长发女郎在海风轻拂下，予人纯洁无瑕的清爽性感。清爽简洁的水晶长颈细口包围在一片海水般的深蓝中，幽幽的蓝与净净的水，恰如其分地体现了 Cool Water Woman 的灵魂，银色的标志个性却不张扬。

2003 年夏天，大卫杜夫推出新款男性香水“回声”。该款香水采用透明纯净的曲线瓶身，香味融合了三种独特香调，包含从都市中吹起的“风”味、都市建筑的“冷”味和小山羊皮的“皮”味，尤其是特别加入了“小山羊皮”，阵阵柔和清新的“皮”香，令男士增添热情独特的性感魅力。“回声”映着淡蓝而透明的色彩，象征着城市生活的心灵图像，它以都会为蓝本，设计出清新、自然的风格，完美呈现都会男子内心的自然与浩瀚。

2004 年圣诞节前夕，大卫杜夫又推出了新款时尚女性香水“回声”，这款香水的设计灵感源自于调香师在巴黎一家意大利餐厅品尝格拉帕美酒之后所激发出的灵感。在这个嘈杂的世界里，我们身边充斥着各种声音。“回声”的原意是来自心底的回音，它让女性倾听来自自己内心的声音。它将意大利的格拉帕美酒藏在梦幻魔法般的瓶身里，展现了小女人难以捉摸的性感。圆润而具有线条美的香水瓶身柔和温润，再加上喷嘴部分的磨砂银，搭配浪漫的粉红，给人一种舒适优雅的感觉。瓶身设计师凯瑞姆·拉希德在设计“女用回声”时，融入了柔和的三角菱形，象征着心思、身体和灵魂，蕴涵着平衡、柔软与宁静的精神，如同《达·芬奇密码》里所强调的世界以女性为主体的概念。“女用回声”在此更呈现了柔和的色彩美学，这种介于粉红色和红色之间的色调，一如年轻女孩经过爱情与性灵的润泽之后成为女人般的圆润而完美！它以一种清新而充满情感、现代亦可持之永恒的特质，重新定义了新时代女性的不凡气质。

DAVIDOFF
男人世界的缔造者

凭着惊人的才干和信念，季诺·大卫杜夫把香水事业发展到极至，使与之同名的香水品牌成为一个誉满国际的著名品牌，并将其享受美好生活的香水文化推广至全世界。

季诺·大卫杜夫

翻开全世界最畅销的男人杂志《FHM》，总是能看见大卫杜夫的广告，那深红色的大卫杜夫香烟外壳，看见了它，男人们似乎才有勇气继续宣扬着自己的享乐主义。

谈到大卫杜夫就不能不谈到它的创始人季诺·大卫杜夫先生，这是一位值得写入20世纪雪茄史的人物。这个对古巴雪茄，甚至整个雪茄界影响深远的人，出生于享誉东方的烟叶家族，5岁时为逃避大屠杀随家人移居日内瓦。大卫杜夫的品牌虽不是生来就有，但大卫杜夫家族似乎生来就是做烟草生意的。也就是在那一年，他的父亲在那里开了以“大卫杜夫”命名的第一家烟草店，而他的第一批顾客名单里有一个最响亮的名字——列宁。

生在这样一个烟草世家里，季诺·大卫杜夫几乎是没有选择地就要与烟

草结缘，只是好在大卫杜夫本人也对这异常感兴趣。在18岁时，他决心将烟草业作为自己终生奋斗的职业，随后他在阿根廷、巴西和古巴刻苦学习烟草的培育和种植技术，潜心于雪茄的研发。在阿根廷、巴西和古巴的几年经历，他第一次开始了解到香烟、雪茄的整个制作过程，从种植到风干、到发酵等等，也第一次开始对这个男人最爱的物件发生了浓厚的兴趣。这时的大卫杜夫，我们可以叫他烟草享乐主义者和烟草工业生产者。后来，当他回到日内瓦父亲的烟草店后，便在店内的一角设立了雪茄专柜，还开设了控制温度与湿度的雪茄储存室。他凭借与古巴的关系，进口古巴雪茄，令当时不少因战争而流亡到日内瓦的富豪趋之若骛，同时亦为他带来丰厚的利润。1946年，大卫杜夫凭着天生的个人魅力和深厚的烟草知识，根据奥卫·德·蒙特雷雪茄系列，推出了他的第一个备受瞩目的产品系列“Chateau”，直到今天也依然被成功男士津津乐道。

季诺·大卫杜夫有着制造高品质烟草的天赋，他在烟草的选择、切割和

混合方面都十分出色，因此，在欧洲各地，大卫杜夫和他的雪茄成为人们谈论的对象。随着新品的不断推出，大卫杜夫品牌在法国几乎与波尔多葡萄酒齐名。1970年，让大卫杜夫成为世界知名品牌的机会来了，它被奥丁格集团购入旗下，从此，大卫杜夫先生的激情和奥丁格集团的商业化经营使大卫杜夫成为世界上最著名的品牌之一。1989年，大卫杜夫与古巴国营烟草公司关系破裂，起因是他不满古巴生产的烟叶质量，而一举烧毁了13万枝古巴制大卫杜夫雪茄，据说市值约为300万美元。翌年他将公司迁往多米尼加，与古巴合作逾半个世纪的关系也就结束。事后他形容说："这次的事件就像离婚，痛苦而悲伤。"

季诺·大卫杜夫不仅是个商人，更是一个对艺术有着不懈追求的鉴赏家、品位者。他那充满着男人气息、贵族式的完美享乐主义的传奇赋予了这个品牌独特的艺术内涵，那是从他内心深处释放出的一股冷峻。这种魅力延续了80年，充斥在生活城市顶端的男人们的心中，而独具特色的大卫杜夫香水秉承着这股魅力也应运而生，这位烟草业的传奇人物又再造香水界的传奇。大卫杜夫最经典的一句广告词就是"the more you know"（你知道的更多）。它推出的香水并不多，但都是精品，它们引领了时尚潮流。季诺·大卫杜夫说过："谁都希望引领时尚潮流，你可以在市场运作上达到这一目的，但是要记住这是个以产品为中心的行业，你必须做到当最终到达消费者手中的时候，产品本身与你在广告、市场活动中的宣传没有出入。这就需要专业的制造技术和经验丰富的市场战略得到完美结合。"因此，大卫杜夫十分注意在追求卓越质量的同时，针对不同的产品线设置不同的价格体系，一方面满足不同消费者的需求，同时，也让香水极品真正成为少数人才能享受的奢侈品。

卡尔文·克莱恩

中性简洁的摩登精神

对女人来讲，被卡尔文·克莱恩香水包围是一种曼妙的感觉，像是在神秘的夜中投入地独舞，只有活力的气息传过来，而不见洞察的眼神看过来；对男人来讲，卡尔文·克莱恩香水则是热情与洁净的表现，和谐的香气一如温柔的情歌，令人悠然神往。

创始人◆

卡尔文·克莱恩（Calvin Klein）

创始时间◆

1985年

公司所在地◆

美国·纽约

卡尔文·克莱恩是一个梦，是很多人的梦，更是整个世界的梦。正如其创始人所信仰的完美主义，每一款卡尔文·克莱恩香水都显得那样完美无瑕，其香味清淡而飘逸，若有若无，令人一闻难忘。

香水使卡尔文·克莱恩先生成为20世纪末时尚的倡导者和引路人之一。他的设计哲学更趋向现代主义，倾向于强调一种纯粹简单、轻松优雅的精神，并且他认为用完美的创造来表现真实的自我并不是件难事，他说这是

由于他用“心”来设计的缘故，并腼腆地补充：“所幸的是，我想用的也正是别人喜欢的香味和款式”。他的崇拜者曾经指出，如果说卡尔文·克莱恩总能预测人们的需求，也许是因为这位出生在纽约布朗克斯区的设计大师不受昙花一现的流行趋势的影响，专门设计与他自己形象相符的款式的缘故。正因如此，卡尔文·克莱恩才能不断创造出一系列跟随时代潮流的香水。

卡尔文·克莱恩回忆说：“我母亲是那种不喜欢打扮得过分女性化的女人，她当时穿的衣服甚至能和我现在设计的一些服装搭配，她穿得都是些‘纯粹’的东西。”这些“纯粹”的东西就是卡尔文·克莱恩心目中留下的最初的服装感觉，也成了他日后终生追求的风格。

20 世纪 90 年代中期，女权主义兴起的时尚文化，带来中性香水的悄然流行。女性喜欢嗅到男性香水所散发出来的诱惑异香，而男性反过来亦然，中性香水由此大行其道。男女共用香水便成为这一时期时尚男女的共同爱好，于是，淡淡的克莱恩香水的气味便弥漫在时尚生活的各个角落里。但此时的卡尔文·克莱恩时尚香水的香味，已不再芳香袭人，而是清新爽洁，这使它和人们越来越独立练达的生活意识配合得丝丝入扣、密不可分，从而诠释出卡尔文·克莱恩心目中的现代年轻人的形象：他们让自己赏心悦目；他们积极融入生活周遭的一切；他们神情自若地拥抱生活；他们拥有面面俱到的生活观；他们因为拥有超乎你我想象

的魅力而倍加性感。

卡尔文·克莱恩永远创意不断，他为他的作品赋予了诸多生活哲学：对性的信仰，至极的简单，注重细节享受。而以他的名字命名的香水、牛仔和化妆品，将这个名字及其背后的生活哲学带到了世界各地，共同构建了其荣耀史。

CALVIN KLEIN
卡尔文·克莱恩，美至极简处

年轻、时尚而极具个性色彩的卡尔文·克莱恩香水品牌，打破了性别差异，颠覆传统香水的华丽形象，从而开创了香水史的新风格。

20 世纪 80 年代初期，世界流行时尚的最前沿是美式的运动休闲风格；80 年代末期，运动休闲融入了生活化的特征；90 年代以后，时尚界开始寻求简约与抽象主义的结合。也就在此时，美国的时尚作品从中脱颖而出，在国际时尚舞台形成了运动简约主义的大气候，其中最具代表性的就是著名的香水品牌——卡尔文·克莱恩。

卡尔文·克莱恩，这个以创始人姓名来命名的品牌早已享誉于世。它的品牌标志就是 Calvin Klein 的两个缩写字母“CK”。作为全方位发展的时尚品牌，卡尔文·克莱恩的产品涉及了诸多领域，香水、手表、化妆品、手袋以及家居用品等，都是它试图占领的阵地。当然，这其中还少不了内衣。以简约质感著称的卡尔文·克莱恩，从 20 世纪 80 年代崛起至今，就以其一贯的现代都会风格深受品位人群的喜爱，其作品干净、细致，在典雅的中性色调中，展现一种简洁利落的时尚风貌。一直以来，极简风格就是卡尔文·克莱恩在设计上的注册商标，也是现今的流行风潮。

卡尔文·克莱恩所有的作品都体现了“简洁”的艺术风格，看上去优雅轻松且做工考究，他的作品具有不拘繁缛礼节的特点，符合生活节奏快速的大都市人的生活方式需求，与此同时，这些简洁的作品也相当优雅，具有一种含蓄的洒脱与浪漫。卡尔文·克莱恩比任何一个设计师更懂得将时代风格融进自己的作品中，他设计的款式简单的都市香水实现了都市人十分向往的宁静生活的愿望，具有美国香水的独特之处。“克莱恩 I 号”，这款前所未有的男女通用香水，就传递出现代的明快节奏，迥异于传统香水所追求的浪漫优雅。它简单得不能再简单的雾玻璃瓶与铝罐包装，可再回收利用的材质，大胆地向香水市场的规则挑战，这款强调简约、个人主义、自由解放、融合、分享概念的香水，迅速风靡全球。

卡尔文·克莱恩品牌的创始人卡尔文·克莱恩先生已在时尚界纵横了 30 年，享有盛名，并被认为是当今美国时尚界的代表人物。他认为今日的美国时尚是现代、极简、舒适、华丽、休闲又不失优雅气息，这也是卡尔文·克莱恩的设计哲学。他说：“我发现美式风格的本质也具有国际化的特征。就像纽约，它并不是一座典型的美国城市，而是一座典型的国际都市。伦敦、东京或是首尔也是一样。居住在这些城市的人会对我的设计作出回应，是因为他们的生活和需求都十分相似。现代人不论居住在哪儿，都有其共通性。因此，我总是试着表现纯净、性感、优雅，而且我也努力做到风格统一，以及忠于我的梦想。我想人们会因此更了解我想要呈现的是什么，他们会欣赏，并积极地回应。”

从“克莱恩 I 号香水”、“克莱恩香水”这些中性香水中，我们可以理解卡尔文·克莱恩是在有意识地淡化现代人在性别上的分歧，而事实上，快节奏的大都市生活、在各城市间漂泊

往来的习惯等本身也对性别差异作了进一步的修复与调整。可见，卡尔文的中性化理念在服装上实行了25年后，终于延伸到了香水界。所以，卡尔文·克莱恩的设计美学倾向于一种纯粹、简单、轻松、优雅的精神，形成了一种中性简洁的摩登氛围。

CALVIN KLEIN 传世经典，经久不衰

作为一种实用技术，卡尔文·克莱恩香水的目的是使身体产生性吸引力。因此，它是一种产生并强化欲望的手段，同时也有节制地表达了欲望。

卡尔文·克莱恩是真正土生土长的美国人自己的品牌，反映着其特有的民族自由精神。它从创立起就在人们的瞩目和惊诧中迅速成长，备受青睐。

提到以性作招徕，不能不提起卡尔文·克莱恩品牌的创始人——卡尔文·克莱恩，这位对时尚潮流十分敏锐的美国时尚界巨子，一向善于捕捉时下年轻人的心理。他在20世纪80年代进军香水业时，时值美国消费市场炽热之极，人人纵欲享乐。于是，他就在1985年推出自己的第一款香水并将其命名为“迷惑”，以体现当时的社会风气。这款散发着茉莉花、檀香木、琥珀、麝香等馥郁芬芳的香水，其浪漫灵感来自印度祈祷石。拥有一个性感名字的它配以由皮埃尔·施奈德设计的圆润裸体瓶子，再加上那虽无色情明示却有欲盖弥彰之嫌的广告画面和宣传攻势，不但风靡一代少男少女，而且也确立了卡尔文·克莱恩香水品牌此后的市场地位。值得一提的是，虽然1995年以凯特·莫斯为主角的“迷惑”广告曾在美国掀起抗议和禁播风波，但卡尔文·克莱恩依然我行我素，性的意念不但在其陆续而来的香水广告中发扬光大，而且他更将男女从性的差异融合为性的和谐乃至性的一体，将中性潮流推至另一高峰。

如果说“迷惑”是20世纪80年代欲望之战的产物，那么，“永恒”则是20世纪90年代设计师本人的性爱取向，这款他送给其助手兼新婚妻子卡里·罗克的香水于1989年推出，命名灵感是来自于不爱江山爱美人的情爱誓言。缠绵悱恻的永恒恋情是热恋情侣的极度憧憬，卡尔文·克莱恩以此香水为天下有情人作最好的见证。此款香水的温婉芳香是恋情进展不可缺少的秘方，这种香水与其说是为对方，不如说是为激励自身而专门配制的，它深深安抚你易于犹豫迷惑、徘徊不安的心，代表着永恒，更象征了现代男人对传统价值的否定，体现了人们不再掩饰彼此的差异而人性化地寻求并坦承彼此的亲密关系。

如果说卡尔文·克莱恩总能预测人们的需求，也许是因为这位出生在纽约布朗克斯区的设计大师不受昙花一现的流行趋势的影响，专门设计与他自己形象相符的款式的缘故。正因如此，卡尔文·克莱恩才能不断创造出一系列跟随时代潮流的香水。

20世纪90年代中期，女权精神深入文化领域，无性别之差的趋势充斥时尚界，打破性别的观念被人们普遍接受，中性香水也由此诞生。出自卡尔文·克莱恩之手的中性香水“克莱恩I号”在1994年向世人一展魅力，作为香水史上销售最快的香水，揭开了香水革命新文化时代的序幕。这种全新理念的清淡香水，将20世纪90年代社会意识的变化，转化为香水的全新概念，即无性别和讲求一体性。在它那如同牙买加朗姆酒瓶的瓶身中，我们不分种族、性别、年龄，共同分享着同一个世界。

1996年，卡尔文·克莱恩公司出品的又一款与品牌同名的无性别香水——克莱恩香水。它具有令人振奋的清新气息与温暖诱惑的香气，正如其广告中所言：克莱恩香水的世界是一个自由的世界，克莱恩香水表达的也正是现代都市一族对自我、对自由、对梦想的不断追求，以及不畏艰险、不怕失败的勇

敢精神。

“矛盾”是卡尔文·克莱恩公司于1997年推出的新品，这是一款勃发清新高雅芳香、青春魅力四射的时髦香水。它将中国由加利树、椒花、纯白山梅花、幽谷兰花、檀香木、茉莉花瓣、珍贵玫瑰等清香巧妙地结合，从而创造出时尚与复古结合的馨香，传达了现代女性集独立、干练、聪慧、神秘、性感于一体的特点。

从“克莱恩I号香水”到“克莱恩香水”再到1997年推出的“矛盾”，不但显示了设计师卡尔文·克莱恩的性感观念和性别意识在转变，而且真实反映了时下人们从对性的放纵、沉溺到对性的反思、迷惘乃至矛盾重重的世纪末忧郁症，这恰恰是卡尔文·克莱恩在用芬芳陈述他对人生的看法，也反映了他从沉迷走向大彻大悟的思想历程。

CALVIN KLEIN 第七大道的完美主义者

他是世界上最知名的时装品牌的创造者，广告世界的征服者，美妙香水的缔造者，也是为凯特·莫斯铺垫模特生涯的人，他就是卡尔文·克莱恩。

卡尔文·克莱恩香水是人们最熟悉的美国知名品牌之一，其创始人卡尔文·克莱恩本人就被称为“纽约第七大道的王子”，虽然他已过了知天命之年，却依然保持着匀称的身材，每次出现在公开场合时，总是衣履光鲜，有型、有款、有品位，丝毫不逊色于任何明星、模特。他本人就像他的香水一样性感、有魅力，是许多人追逐、崇拜的偶像，被美国民众选为美国历史上最具影响力的百位名人之一。

卡尔文·克莱恩1942年出生于美国纽约。63年来，他生于此，长于此，成就于此。在布鲁克林区，他是犹太后裔，是跟在祖母、母亲身后逛商店的时髦小孩；在第七大道，他曾是时装界的新人，为了拿到一张订单，自己推着载满样衣的手推车，穿越整个曼哈顿；在俱乐部，他曾是放浪形骸的欢场客，一晚一晚地花出大把的钞票消费的年轻男人；在时代广场，他那醒目的广告牌则早已是这个世界之都的名片，连《纽约客》杂志都这样写道：“看见了时代广场的卡尔文·克莱恩香水广告，人们才意识到自己身处纽约。”

卡尔文·克莱恩是一个极具现代精神的设计师，甚至可以称他为改变现

代美国设计的人物，英国版的《时尚》杂志赞誉他为“创造秩序的王子”。这位属于现代风格主流派别的设计师，有着极其敏锐的潮流触角，能抓住美国这一代年轻女性的穿着口味。“无论是设计服装、香水或家居，我的灵感总是来源于对现代男女生活的仔细观察。”成功后的卡尔文·克莱恩曾如是说。他总有办法设计出多数人所需要的东西，而又不让它们廉价到随便都能买到的程度。比如曾经先后流行过的内衣外穿风格、新长度及膝裙、不对称裙摆，还有男女通用的中性香水等都是他率先推出的。

卡尔文·克莱恩自己一直保持着整洁完美的形象，他所使用的色彩皆相当简练，喜欢土色、中间色调，甚至连他自己的服装、房间、陈列室、车子均是褐色与白色系。在设计上，卡尔文·克莱恩有他自己独特的原则：他把简单利落的裁剪线条、优雅怡人的色彩作为自己在设计路线上强调的重点。在他的新作品当中，一定能找到上一季或前一年的影子。他回忆说：“我母亲是那种不喜欢打扮得过分女性化的女人，她当时穿的衣服甚至能和我现在设计的一些服装搭配，她穿的都是些‘纯粹’的东西。”这些“纯粹”的东西就是童年的卡尔文·克莱恩心目中留下的最初的服装感觉，也成了他日后终生追求的风格。

卡尔文·克莱恩在广告、市场推广方面的成绩令人瞩目，他对时装独特的诠释，他的简练朴实的时装风格，他新颖创意的服装形象及推广方式无不使卡尔文·克莱恩品牌声名大振。在短短30年间，他就建立了一个庞大而充满生机的卡尔文·克莱恩王国，这是一个在高速跑道上飞速发展的商业王国。

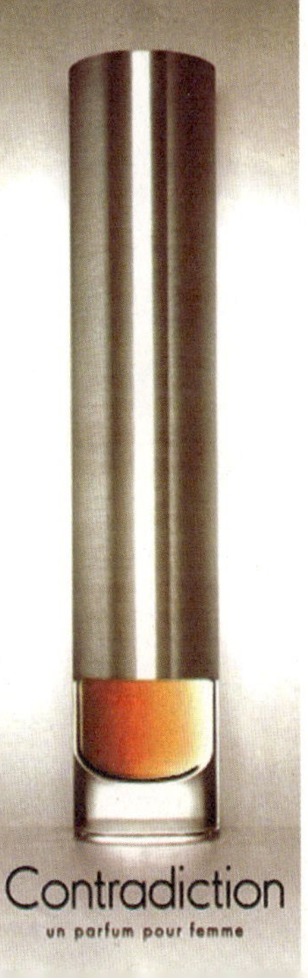

KENZO

自然的完美幻化

高田贤三

创始人◆

高田贤三（Takada Kenzo）

创始时间◆

1988 年

公司所在地◆

法国·巴黎

高田贤三不是那种标新立异的香水，它有一点点传统，有许多热情的颜色，有活生生的图案，还有几分自然淡雅。

一提到 Kenzo 香水就让人无法不联想到宛若置身大自然的自在状态，取撷于空气、水和天地间生命的喜悦，鲜艳浪漫却不花哨。

Kenzo 香水将东西方艺术合为一体，是千百个回忆和最新感受的融合，也是骚动与平静的混合。这些令人心旷神怡的动人香水，来自于创始人高田贤三对大自然一贯的热爱与生命深处的莫名悸动。在他的香水世界里，自在与幻想、天真与创意幻化出美丽清新的大自然，这里有初晓的阳光与鸟儿的吟唱，还有黄色小冠花的轻轻细语，与草原之风偕舞的美丽少女……轻快愉悦，幸福徜徉，呼吸着来自阳光与翠绿大地的自在喜悦，尽享灵魂深处的温柔惬意。恰恰如高田贤三所说：“通过我的香水，我在表达一种自由的精神，而这种精神，以香水来说就是简单、愉快和自然。”

高田贤三为传统的法国香水业吹来一股清新的异域之风，创造了一种不同的传统风格。他在瓶身的设计理念上不用金色也不用黑色，而是以花朵、植物作为主题。在香水的素材上他也舍弃一般和传统，重新捕捉了他在创意上钟爱的主题，其中包括自然、愉悦、自由以及轻快等元素。高田贤三出品的香水，总令你感到熟悉的优雅欢愉，它散发的不像是香味，更像是女人特有的一种味道，一种气息，若即若离，若有若无……

如果服装在高田贤三的王国里是建筑的主体，那么香水该是他的后花园。在这里，每一款香水都像一朵花，七彩缤纷，但又轻柔细致，花朵已成为 Kenzo 品牌的标记。无论是华丽美艳的、清新脱俗的、零碎的小花束，还是轻柔的粉色花蕾、浪漫的、充满活力的、富有时代感的怒放之花，高田贤三都把它们的各种美态活生生地表现于香水内。因为他一直都认为花卉最能尽情展现绽放生命的热情，当所有花朵盛开时，它们会毫不保留地释放出全部的生命力，充满了朝气与喜悦。

KENZO

东西方艺术的结晶

Kenzo 香水完美地融合出东西方艺术的和谐统一，宛如被阳光轻吻的花朵，在空气中荡漾着舒逸淡雅的意境。

世界香水舞台长久以来一直为鼻挺目深的欧美人所垄断。曾几何时，几个来自东方岛国——日本的设计师带着一点神秘，一点莫测，更带着震世的惊叹站到了这个舞台的中央。设计师高田贤三就是其中杰出的一位。这位黑头发黑眼睛的亚裔设计师的成功，不仅为欧美本位文化吹入了一股清新而绵长的东方之风，而且给在东方本土"奋战"的香水业同行以莫大的鼓舞与信心，他们开辟了一条由东方通向"香水盛世"的宽广大路。高田贤三以愉悦丰富的想象力与创造力，敏锐地开创了与其同名的世界性品牌——Kenzo。故乡和巴黎的两种截然不同的情感交织是高田贤三不同常人的灵感来源，他始终以巴黎为设计对象，而东方的影响时不时地得以流露，这种风格在他事业的开端就形成了。不论是以东方的角度或是以西方的观点，甚或鸟瞰地球村的世界观，我们都可以从他的独特风格中感受到高田贤三对于世界融合的热情与渴望，或许年轻、活力、浪漫早已不仅仅是一种生理、心灵的状态，而是一种对于生命的企盼，而 Kenzo 香水就是最好的印证！

女人是水做的，Kenzo 亦是以水做的香水，从散发至深入，均给人以全新的感受，体现女性如水般柔媚、清爽的气质。它代表着清新、充满活力和欢欣，给人温和、年轻及持久的感觉。在这个香水的世界里，全年都像夏季的阳光一样灿烂明媚，充满朝气。我们可以充分享受清新闲逸的田园式生活，在绿绿的草地上静静地躺着，呼吸着果实的清香、花儿的芬芳，任思绪漫天飞扬，任幻想超越疆界，体会人生种种最美妙的感觉。放眼望去，和谐、宁静、诗意、色彩、自然……这些令人愉快的元素在Kenzo王国的花园里随处可见，它引领着一股不可抵挡的时尚潮流，呼唤生活在摩肩接踵的灰色水泥世界里的人们放弃纷争，爱人、爱自然。高田贤三先生这样说："我用自己的方式去传达和平与和谐的讯息，我希望人类的世界可以少一点自私，少一点个人主义，人与人之间多些宽容、互相分享和尊重。"他用漂流瓶的设计和亲笔书写的语言文字表达着自己内心对和平的希冀——任幻想超越疆界，待明日更为美好。他给人的感觉总是那么平和而善良，他的作品也总是那么亲近、富有感染力。

这样一种博大的精神，通过高田贤三那并无国界之分的设计充分表现出来。在30多年的设计生涯中，他一直坚持将多种民族文化观念与风格融入自己的设计中。他认为每一个国家的独特民族色彩，都能够为自己提供一些设计新理念，因此他将俄罗斯、西班牙、南美洲等不同民族和地域的色彩融合起来，和谐地演绎当中的色彩。高田贤三自称是"艺术的收集者"，实际上他更像是一个多元文化的融合者。他将不同地区的文化作为创作的素材，巧妙地将它们融合，从而打破了古典的惯例，无数次在设计上冒险。

KENZO 缤纷如美丽的花园

高田贤三以丰富的想象力与创造力，敏锐地创造出柔和的自然气息，如果你也渴望如风般的自由，Kenzo香水绝对适合你！

提起高田贤三，人们往往会产生一种奇妙的感觉。这位生于东方、学成于东方的日本人，身上却仿佛流淌着多种文化的血。从日本一所高级时装学校毕业以后，他遍游世界各地，并很快于1970年在巴黎开始了他的创业之旅。巴黎美妙的景色、富于艺术气息的建筑，赋予了他灵感，在这里，他找到了东西方文化交融的最佳平衡点。巴黎很快接纳

了这位来自东方的时尚骄子，整个时尚界也很快向他敞开了怀抱。Kenzo 的成衣品牌迅速在国际领域享有盛名，巴黎、米兰、东京相继成为他施展才华和精心创作的舞台。高田贤三用来自亚洲的声音表达着自己的创作理念，出众的才华使他一举赢得了“亚洲第一设计师”的美誉。

在时装世界尽情挥洒的同时，高田贤三，这位以“给女人创造梦想”著称的时尚设计师，也没有忘记借助于香水——这一充满时尚气息的载体，向人们传播爱人、爱自然等具有鲜明人性色彩的内心情结。20 世纪 80 年代的时尚界，颓废、嬉皮占据着主流地位。在这样的背景下，高田贤三调制的带有花香和果香味道的“NO. 1”香水于 1988 年问世——白色的背景画面上，身着淡绿色服装的清纯小女孩欣喜地看到，鹅卵石上长出了硕大的花朵。画面上的黑色与金色是那个年代的主流色，这两种色彩的协调运用，迎合了当时人们的心理，同时又非常符合高田贤三东方特质的含蓄。自此之后，高田贤三一直以这种缓缓渗透的方式，引导人们去感受自然，领略自然，并陶醉其中。

1991 年，带着清新的海洋气味的“竹子”男士香水问世，其香味自然清新，仿佛来自阳光和海水，将男人优雅与从容的气息发挥到极致，让人舒服地倾听着海与天的呼唤，瓶身的竹节设计及浮凸的竹形雕花更是独一无二的艺术品。“竹子”香水以竹为题，显现出男性的活力与气概，海风迎

面吹送，感觉自由自在。这里没有纷争，只有爱与宁静。

1999 年，为表彰这位杰出的法籍日本设计师为人类和平所作的贡献，经过联合国 33 位大使的投票，高田贤三荣获了“Time For Peace”奖。这一奖项是由美国纽约一家非营利性组织设立的，专为表彰那些为人类和平、理解与和谐贡献力量的艺术家，并得到了世界的公认。高田贤三成为获此殊荣的第一位时尚大师。获奖之后，他为散播和平、爱与积极的讯息，设计并推出了 Kenzo“和平年代”限量版男女情侣淡香水。高田贤三将其崇尚的自然元素注入到这款香水的设计上，纯净柔和的瓶体及独特的香气带来一种宁静的平衡感受，温和与清爽，迷人与精致，理性与诱惑并存。其漂流瓶式的设计和多国语言传达出高田贤三对和平的希翼——“让你的梦想开出美丽的花朵，明天更美好”。

所谓和平的真谛，就是没有战争的纷扰，没有暴力的威胁，世界充满宁静、和谐、关怀与爱。30 多年来，高田贤三一直以他异常清新的“笔调”、含蓄的手法，耕耘着他美丽的时尚花园，并将和谐、宁静、诗意、色彩、自然根植其中。

KENZO 日本文化的培植者

香水对于高田贤三，是一种感情与喜悦的分享，30 多年来，他给香水界带来了阳光、温暖、活力、颜色和柔软。虽然他在通往巴黎的成功途中历经了暗淡而艰难的日子，但他的作品始终没有丝毫的忧伤，就像雷诺阿的画一样，只有快乐的色彩和浪漫的想象。

真诚纯朴的微笑、充满幻想和意念的眼神、腼腆的性格和宁可多干而不愿多说的作风，这些都是高田贤三留给人们的印象，其实，他的内心深藏着许多珍贵的东西，尤其是那些用以融合东西方文化的秘密，高田贤三

本人对此始终缄默不语。在巴黎，他树立起了一种以东方文明为特征、以西方理念为基础的时装风尚。因此有人断言：高田贤三是在巴黎培植日本文化。

高田贤三出生于20世纪30年代末的日本，年轻时就读于日本文化服装学院，当时封建保守思想严重，普遍认为男人以缝纫制衣为业是不可思议的事，但对服装的强烈兴趣使他坚持成为这个学校里唯一的男性学生，也许正是这种敢于挑战传统的不羁性格，成为高田贤三以后在服装业不断开拓和发展的“原动力”。1960年，高田贤三获得了日本时装界的一个重要奖项“Soen”大奖，但是，高田贤三真正的目标是世界时尚之都巴黎。1964年，日本政府因筹办东京奥运会征地兴建体育馆，他靠着一笔35万日元的拆迁费，买了一张去马赛的船票，迈出了走向世界的第一步，开始了他人生中出现质变的5年。

1992年，高田贤三推出第一款现代花香调的女性香水——“叶子”，它融合了叶香、花香与青苔香的清新香调，为炎热的夏季带来一股清爽舒畅的气息，其如冰雕艺术般的叶状雾面玻璃瓶身，在全球均获得好评，始终是最受女性欢迎的香水之一。

货船沿途不断在世界各地的许多港口装货卸货，在泊岸期间，高田贤三得以接触世界各大民族不同的文化、不同的风格，这令他大开眼界。Kenzo服装中浓浓的异国情调，就来自那段经历。他原本带了五箱行李随船出发，行李内装满了他多年的得意作品他原想凭这些东西在巴黎大展鸿图，但通过这次旅行，他重新审视这些作品后，毅然将所有的设计作品在沿途的港口扔掉。当高田贤三到达马赛时，正值冬天，不会法语又身无分文的他度过了一段艰难的日子，后来又转道去了巴黎，在那里租了一间小如厕所的房子。在最困顿的日子里，为了生计，他甚至为人家的狗剪毛为生。尽管如此，高田贤三却从未停止对时装的追求，他不断地将自己的作品寄给各种服装杂志和服装公司，终于高田贤三抓住法国《世界时装之苑》杂志发掘新人的机遇，成为其品牌的设计师，打开了在巴黎时装舞台上的成功之门。

1970年，高田贤三自立门户，在巴黎开设了专卖店。从此，高田贤三步入了他事业的青云路。高田贤三擅长运用色彩，他对于颜色的敏锐度非常精准，这已经获得一致的肯定，也因此塑造了高田贤三品牌鲜明易辩的形象感。要让鲜艳亮丽的红、绿、橘、黄、紫等高饱和度色彩同时出现于一件作品上，拿捏出各色彩最恰当的释放比例，又不流俗，这个分寸的确不易掌控，放眼国际顶级设计师，具有此功力的人寥寥无几。他设计出的像万花筒般变幻的色彩和图案更是令人叫绝，因此被人称做“色彩魔术师”。

高田贤三，这位黑头发黑眼睛的亚裔设计师的成功，不仅为欧美本位文化吹入了一股清新而源长的东方之风，而且给在东方本土“奋战”的香水业同行以莫大的鼓舞与信心，为他们开辟了一条由东方通向“香水盛世”的路。

随着高田贤三在时尚界地位的巩固，巴黎高雅的圣日耳曼地区几乎成了他的家园。胜利广场周围有近三分之一的建筑都是高田贤三“帝国”的组成部分，他的工厂、摄影室、设计室、展示室都分布在其中。但是，在离巴黎市中心不远处，隐藏着高田贤三为自己保留的空间。那是一幢四层小楼，每层都有阳台，楼建在三个花园之间，其中最大的花园内有一个池塘，池上悬空建造了一座地道的日本茶室，茶室下是一池清澈的绿水，成群的鲤鱼嬉戏其间。奢华、静谧、安逸……竹帘后的窗中传出阵阵做菜的声音，他的生活就是如此，简单而安静……

常有人说高田贤三是最具巴黎风格的日本人，实际上他更像最具日本风格的巴黎人。30年来，从维维安展厅到胜利广场，高田贤三始终以巴黎为蓝本，为巴黎而设计。他那超越常人的能力来源于对故乡和巴黎的两种截然不同的情感的交汇融合和互相浸润。正如高田贤三本人所说：“在巴黎，每一座建筑物，每一片天空，每一位行人，都是我创作的灵感源泉。”他既是一名不折不扣的日本人，又常常被习惯性地称为“巴黎服装设计师”。高田贤三在白色的“画布”上涂抹着带有丰富民族特色的作品，而作为异乡人却得到了时尚界的广泛认同，这不能不说是创造力产生的奇迹。是他——高田贤三，为时尚界带来了阳光、温暖、活力和色彩，创造出丰富又具有鲜明特色的女性美典范。

爱斯卡达

◆创始人

伍尔夫·莱伊
(Wolfgang Ley)
玛格蕾斯·莱伊
(Margareth Ley)

◆创始时间

1990 年

◆公司所在地

德国·慕尼黑

永恒之爱的化身

爱斯卡达香水，是人类渴望爱情的象征，也是散发魅力的讯息，它清新甜美的味道给人带来热情、愉悦的感觉，拥有它，也就拥有了无限的爱情魅力。

ESCADA

一次浪漫的邂逅，一个品牌的诞生，一生温柔的守候，在这一刻，时间和空间，对于相爱的人来说，就像是一道闪电。来自德国的伍尔夫·莱伊和来自瑞典的玛格蕾斯·莱伊一见钟情，相识一个月后结合，他们在巴黎度过温馨的蜜月，之后又共创了一个世界著名的香水品牌——爱斯卡达。爱斯卡达是赌马场中的一匹骏马，两个年轻人不经意间在它身上下注，结果赢得头彩，这个为他们带来幸运的名字，也成为他们事业的名称。

不幸的是玛格蕾斯·莱伊于1992年因癌症去世，伍尔夫·莱伊从此再未爱上别人，因为他的爱并没有停止。从爱斯卡达推出的第一款香水的瓶身，我们会发现，在香水名称的下面印着玛格蕾斯·莱伊的名字，瓶子的设计是心形，是无数个心的重叠，也是心动时的涟漪荡漾开来的再现。这个设计，一直保持在爱斯卡达的香水系列中，比如后来的“普罗旺斯之夏”、“海芋”、“热带风情”、“性感香迹”、“嬉皮假期”、“热情岛”等等都是一样的瓶子，只是随着色彩的变换和组合，为不同的香水穿上时尚的外衣。

透过一款款爱斯卡达的华丽香水，我们会看到，这个以爱为主题的世界顶级香水品牌以其缤纷的色彩和优雅的轮廓演绎出女性自信、妩媚的个性和多彩的生活。现在的爱斯卡达已风靡全球68个国家，俨然成为多彩、优雅和女性化的代名词。当它的每一款香水站立在你眼前时，它的精致，

爱斯卡达，是传奇故事中的名字，也是莱伊夫妇的一匹百战百胜的赛马的名字，取其意为“马到成功”。

它的柔和，都从骨子里将女人曼妙的万千风情展现得淋漓尽致。无论是充满异国风情还是优雅淑女，它展现的都是一个完美的女人。

伍尔夫·莱伊和玛格蕾斯·莱伊没有孩子，但有了爱斯卡达就足够了，那是他们的相逢、他们的激情、他们纯洁的爱的延续。这个品牌，让你想起无拘无束的爱，这种爱也许一生只有一次。

ESCADA 追求优雅的爱斯卡达

爱斯卡达香水是高贵典雅与温柔的完美融合，它体现了现代艺术与精致时尚的曼妙交错，并优雅地将女性细腻、敏感、聪慧的天性发挥到极致。

爱斯卡达，一个极具影响力的德国香水品牌。从它创立的那一天开始算起直至今日，爱斯卡达品牌仍然保持着两位创始人初次相逢时的年轻，无论是其香水、成衣或饰品，都充满四射的活力、夺目的色彩、舒适的休闲和动感的时尚。一直以来，它都追求从原料到设计直到加工的尽善尽美，简洁、洗练、优雅、女性是爱斯卡达品牌刻意创造的形象，这使其成为德国时尚文化的象征。

“现代优雅女性如要把自己享受生活的态度展现出来，非爱斯卡达莫属。”爱斯卡达品牌创始人之一的伍尔夫·莱伊先生曾如此说。爱斯卡达品牌是优雅的化身，它从优雅中散发出自信，从优雅中显露了奢华，从优雅中表现出力量，它把充满活力和自豪的人们的生活表现得淋漓尽致，超越了任何一种境界、任何一类时空。爱斯卡达简洁轻松的风格传递着高雅的本质、优美的内涵，它的设计讲求不同的色彩运用，每款香水均格调优雅，是女性魅力的尽现。它将城市的奢华与活泼、舒适的感觉完美结合，斑纹的妙用自然而优雅，流苏的点缀时尚而雅致，精湛的线条令人叹为观止，给人一种完善而实际的感觉。无论香水、服饰或是配饰，爱斯卡达在款式设计中显示出随意而不失女性妩媚的特点，有着欧感的贵族情调，它们是时尚典雅与自然的随意结合，散发着女士的自我独特风格。

爱斯卡达这个骨子里充满优雅的香水品牌，将女人的风韵描绘得淋漓尽致，让女人尽情展示为之骄傲的女性本色。爱斯卡达香水花园就像一片植满了所有的花香和沁人的热带水果，走进它，你仿佛走进热带雨林之中，能够尽情体会到前所未有的愉悦，使人感觉到雀跃、轻松，令人清新畅快，多少年来，它正是藉此不断地吸引着那些热爱变化、热爱生活的人们。

一份深深的爱恋在延续着，心形瓶身将爱的信息传给每位女性，爱斯卡达香水将充满现代感的、追求着更高更典雅与更崇高的渴望，融化成为充满个性及感染力的粉红物语，使在内心深处裸露的情感优雅而有魅力地展现出来。其香水的花香一般都是甜的花香和果香，爱斯卡达的香水花园里，甜甜的花香和果香为无数的人们带来愉快，这里充满了阳光和夏日清凉的气息。它那娇滴滴的香气，仿佛春光乍泄的稚气和无端，用小小的羞怯与温柔，一点点地渲染花朵与季节的邂逅，分明两相惊喜，却又相对无言，只是风里，有淡淡的一缕花香。

ESCADA

令人迷恋的夏日色彩

爱斯卡达香水是各种花香与果香交织而成的性感精致香水，让人有恋爱般触电的热情。那种甜蜜的感觉，就在使用香水的一刻尽情绽放。

爱斯卡达最初是一个时装品牌，由德国女设计师玛格蕾斯·莱伊和丈夫伍尔夫·莱伊于 1976 年在慕尼黑创立。玛格蕾斯·莱伊在香水事业中的奠基之作是与品牌同名的香水“爱斯卡达”，此款香水于 1990 年亮相，那时她的香水公司——爱斯卡达美容有限公司刚刚开张。这款香水有着浓郁的女性魅力，充满了感性色彩，原先有香精和浓香水两种，香水瓶是优雅的心形水晶瓶，手工制作，饰有镀金的曲线字母文饰。“爱斯卡达”的销量一直很不错，因此不久后爱斯卡达公司接着推出“又见爱斯卡达”香水，它被形容成一款“拥有多重感觉的香水”，兼有花香和臭氧的气息，问世于 1995 年。

爱斯卡达以出品优质淡香水著称，它最妙的一招就是在每年的春夏时装发布会上都推出一系列优质淡香水，而下一款出现的时候，前面的就被替换下来。这个传统是从 1993 年的“雪纺果汁冰”和 1994 年的“普罗旺斯之夏”开始的。随后，在 1998 年，爱斯卡达公司又推出替换“普罗旺斯之夏”的限量版香水“秋阳”。它不含酒精，选用磨砂的绿色瓶子包装，是一款神奇的果调香水，散发着三叶胶、木犀属、小苍兰香气，有着迷人的女性味道。继2000年的“海芋”、2001年的“热带风情”，爱斯卡达于2002年推出深受好评的“性感香迹”，它让野草莓、悬钩子树、羊毛木、香子兰、麝香等香味围绕着你，高贵得难以抗拒。其惹人幻想的粉红色瓶身，极具诱惑力的视觉效果，再加上性感的香味，就像一幅美丽的涂鸦，毫不掩饰地向众人宣示它的性感魅力。

2004年，爱斯卡达全新限量推出“热情岛”，它延续了爱斯卡达春夏限量香水的热情、性感风格。其外盒包装的俏丽女子仿佛散发出带着异国情调的花果香，拥有性感、甜美与温暖的奢华气息，在天空蓝与白色的组合下，呈现出罗曼蒂克的情调。那雾面的彩色瓶身，隐约可透视的内在，更加深了神秘色彩；它的味道清新自然，予人春回大地的感觉，有着热带风情的诱惑。这是专为年轻、自主、思想前卫的都会女子所设计，塑造出新世纪女子自信、积极、独立的新风貌。

伍尔夫·莱伊曾说：“我们创造了爱斯卡达香水，我们为已经拥有的感到高兴，而不是感谢我们所渴望的。这就是我所了解的魅力。”爱斯卡达不论是女用或男用香水，都不约而同地制造着慵懒浪漫的费洛蒙情境，从瓶身设计到香水散发的气息，都充满着致命的吸引力，令人爱不释手。虽然香水品牌此起彼落，但爱斯卡达却傲然屹立。多年来，爱斯卡达不断成长，在香水界大放光芒，其地位早已毋庸置疑。

ESCADA 用爱情铸就香水

一段传奇的爱情，一个伟大的梦想，成就了爱斯卡达这个卓越品牌。它是女性文化的一种延伸和无形的流露，亦是女性成功的一个历史见证。

要讲述爱斯卡达的故事，就少不了要提到这个品牌的创始人伍尔夫·莱伊和玛格蕾斯·莱伊。遗憾的是，玛格蕾斯·莱伊太早就离开了我们。如今，借助爱斯卡达，人们把对她的怀念寄托在每一瓶心形香水里。玛格蕾斯·莱伊生于瑞典，她天生丽质，相貌出众，曾就读于皇家缝纫学院以及瑞典、维也纳和巴黎的著名美容院。20 世纪 50 年代，她在维也纳当模特，接着，又来到了慕尼黑，这个城市成为她最后栖身的港湾。在慕尼黑她遇到了以后陪伴她一生的伍尔夫·莱伊。年轻的伍尔夫·莱伊才华横溢，时有即兴创作。就这样，才子佳人邂逅了……

伍尔夫·莱伊
玛格蕾斯·莱伊

据说这对伉俪有一次参加赛马，看中一匹叫爱斯卡达的纯种爱尔兰良驹，对它投以颇具信心的一票，结果大获全胜，玛格蕾斯·莱伊便将自己设计的时装品牌命名为爱斯卡达。这样，一个发源于慕尼黑的国际时装品牌就在 1976 年诞生了，并在翌年正式推出。玛格蕾斯·莱伊在作为时装模特的时候，曾以一头美丽的金发和姣好的身材风靡于欧美的 T 型台，更为重要的是，她对时装有着强烈的领悟能力，总能尽善尽美地将设计师的意愿表现并传达给观众。在多年的模特生涯中，她形成了对时装的独特见解，终于抑制不住内心对创造美的追求，她决定独自设计时装，体味将心中喷涌的灵感展现于灵动舞台的创造激情。而伍尔夫·莱伊于 1937 年出生于德国科伦，持有工商管理硕士学位，就这样，他负责公司的销售、财务、生产与推广，玛格蕾斯·莱伊则负责设计概念，从而创出举世闻名的爱斯卡达风格。

玛格蕾斯·莱伊拥有天马行空的创意，却不脱离大众。她坚信：作为一名设计师，仅靠天才的创造力是无法成功的，还应在新颖的创意与强烈的市场意识之间寻找平衡点。所以她通常考虑女士对时装品牌的要求、爱斯卡达所能提供的与众不同的特色、女士在日常衣着上的难题以及怎样能以合适的价钱提供完美的高级时装。玛格蕾斯·莱伊凭着各种时而高贵典雅、时而活泼俏皮、时而浪漫迷人的意念，每年创作出两个风靡全球的高贵女装系列。透过布料运用的大胆创新、精巧的细节、出众动人的剪裁和鲜艳夺目的色调，她一次又一次地将创意与实用成功地融合在一起，从而塑造出爱斯卡达品牌简洁、洗练、精明、个性的鲜明形象。

伍尔夫·莱伊和玛格蕾斯·莱伊没有孩子，但有了爱斯卡达就足够了，那是他们的相逢、他们的激情、他们纯洁的爱的延续。这个品牌，让你想起无拘无束的爱，这种爱也许一生只有一次。

爱斯卡达以高级香水和时装为本，自始至终都坚持对质量的追求，即使最微小的细节亦一丝不苟。由成立至今，爱斯卡达一直沿用法国与意大利生产商的高级时装专用原料，并根据这些原料的概念与色调，设计出无数让人眼前一亮的特色印花，化成各款精采绝伦的香水、各款服装和饰物等，为时装界重新找回那股失落已久的贵族气息。玛格蕾斯·莱伊不但为全球客户带来了一系列完美作品，更延续了这些作品的生命，让它们在每季过后仍可随意增添配搭。所以，每个爱斯卡达系列总会重现往昔的颜色主题，让新旧设计互通，从而构成一个属于爱斯卡达的世界。

DOLCE&GABBANA

可可西里性感狂野的艺术

创始人◆

多米尼格·多尔斯
(Domenico Dolce)
斯特法诺·格巴纳
(Stefano Gabbana)

创始时间◆

1992年

公司所在地◆

意大利·米兰

风格，来自于你内心深处的灵魂，但并不是每个人都能拥有它。D&G结合它们独特的可可西里式的狂野不羁，性感、华丽、妩媚依旧，充满了浪漫的意大利风情。

D&G

源于时尚潮流的独特风格与创意，D&G的女人永远散发着自信大胆的热情。D&G香水代表着来自意大利的万种风情，它以中东的文化背景作为自己的灵感来源，我们从中可以清楚地感受到意大利西西里岛的地方色彩和对巴洛克时光的缅怀。因为D&G香水集合了不同的灵感和经验，所以让你在目不暇接之余，更有一种转首回眸之间遍览大千世界各色姿韵的痛快。

D&G创始人曾经说过：“我们最关心的是创造最好的，而不是一味地追随时髦。”每一款香水他们都亲自参与每一步的创作过程，都是他们创作才华的直接体现，而他们的每件经典设计和令人惊叹的完美杰作都是精美艺术和高贵品质的结晶。更加难能可贵的是，他们的设计不但凝结了西方传统文化的精髓，而且焕发出自己独特的意大利特色，简洁明朗，反映着意大利人与生俱来的直率、乐观、浪漫和机智，为时尚圈带来活力四射的风格与创意。

优雅对于D&G香水来说，只是一种实际而非短暂的品位表现，所以它一直以来的理念就是“并不想让你引人注目，却强调自我表现，独树一帜”。它的每一款香水都是那样地独具一格，没有任何一款激起似曾相识的

记忆，但是它们却又以其独特的方式，让你动情，让你眷恋，成为你情感的依赖。D&G 品牌的男用香水无时无刻不在诠释着男性的性感与坚强，散发出男性自我的气质；而它的女用香水则充分展示了野性及进取，全面汲取和容纳大自然的美丽，让个性的女人如猎豹般展示一种野性的美。

D&G 香水通过其本身所具有的巨大热情和非凡的品质，在美丽的缪斯女神和淡雅芬芳之间树立起了一道丰碑。当你选择 D&G 香水的时候，透过香水的包装，它那淡淡的香气就会触动你的心灵深处，向你传达了一种生命的信息，触及到了你的身体和你的灵魂。因而，D&G 香水所代表的不仅仅是一种时尚，更是一种情绪，一种梦想，一场以 D&G 香水为主角、以世界为地点的“西西里美丽传说”。

D&G
意大利魅力的展现

在善于表达性感、叛逆而有浓厚西西里民俗色彩的设计风格下，D&G 香水显得自由、个性，还带着些反叛的味道。

在“D&G”出现之前，意大利香水界已有三大巨头，它们分别代表着不同的审美观：阿玛尼品位高雅，时尚的感觉要淡一些；费雷工业化味道浓厚，线条非常硬朗；范思哲则有点艳俗，富有鲜明的流行元素。大家都以为，意大利香水风格就是这些了，然而就在此时，“D&G”出现了，它开始向人们展示了别样的风格。

D&G是针对高中收入消费者的一线品牌，也就是通常说的正牌。无论是在工作中还是在闲暇时开着跑车兜风、在家中休息，它的香气永远在提醒你它所昭示着的教养、性情以及它背后的传统和它成长的变化——总而言之，它是一个完全的意大利男性香水品牌。而D&G则是近年来越来越受欢迎的年轻品牌，这个品牌一样充满了浪漫的南意大利风情，自1992年创立至今，D&G不论在款式还是在香味上，都显得年轻许多，从市场容纳来讲，D&G的风头甚至超过了其他正牌。用古灵精怪来形容这个品牌一点也不过分，而D&G也正是年轻人精神的体现，代表着自由的年轻化风格，被称为最佳时尚二人组的两位品牌设计师就是凭借着这种热情洋溢的另类香水风格征服了大批的年轻人。

自从两人携手合作创立D&G品牌以来，D&G很快以招牌式的意大利

西西里性感风情，迅速走红全球，深受好莱坞众家明星的喜爱，其风格上的浓烈、华丽、妖艳和妩媚，一贯的性感华丽更愈发成为他们两人的标志，这对那些有着强烈个性的女人来说尤其有吸引力。顺便提及的是，从地理来看，因为意大利在南欧，气候比较炎热，所以意大利人的性格热情得多，而意大利男人更是性感豪放魅力四射。相比之下，阿玛尼太国际化，范思哲太炫耀，只有 D&G 才是意大利骨子里的性感。它是被赋予人性的诱惑之水，这种诱惑的本质是温柔而妩媚，俏皮而真诚，它以最纯真清晰的方式，表达你不容置疑的诱惑天赋。D&G 继承着高贵的传统，始终保持高贵典雅的风格，迎合上流社会成熟女性的审美品位，象征着意大利时尚文化的最高精神。D&G 认为注重个人特质是最重要的一部分，所以，它总是期望能让使用者从当季的香水中探究到香水的奥妙，并陶醉在香水的乐趣中，也正因如此，它所推出的香水才能获得许多大大小小的奖项。

D&G 品牌以精致、成熟、时髦、性感的概念，打造充满让人瞠目结舌的魅力性感，成熟中略带感性，摩登中透露着雅致，这就是 D&G，以充满矛盾的时尚组合来阐释意大利的时尚物语。

D&G
魅力性感之香

如果你愿意尝试性感狂野风格的香水，想必有 90%的人会为你强力推荐 D&G 这个充满了意大利艺术想象的品牌，作为意大利华丽冷艳风格的代表，其浓郁的色彩和丰富的图案定会带给你强烈的视觉冲击。

1992 年，D&G 建立了香水企业，以同名的高品质产品进军香水界。他们推出了第一款同名香水“D&G Pargum”，其前味为常春藤、甜九层塔、柑橘，中味为甜橘花、茉莉、玫瑰、铃兰、金盏花，后味为檀香木与麝香的优雅高贵气息，展现女性高雅、洗练的都会风情。此款香水获得了 1993 年戴尔·布罗法洛学院奖的“年度最佳女用香水奖”。

当全世界正在大肆流行秀美男色的时候，女人更渴望男性散发其独特的魅力，自然、幽默、性感和力量，这种气概更能令女人心动。一瓶男性香水应该是一种男性的强烈表征，正是为了印证这一真理，D&G在1996年又推出了“心动”男用香水，其匠心独具的瓶身设计，典雅考究的色彩搭配，浑圆触感的轮廓，诠释着每个男人都可能陷入的一种嘲讽现实与豁然随性的融合。在设计师看来，香水是男人在女人面前抒发灵魂的重要表征，也是一种凸显自我风格的呈现，于是便将这种精神融入了“心动”男用香水的设计中，以使女人第一眼看到就有心动的味道。“心动”前味的柑橘调带着鼓舞振奋、积极进取的清新气息；中味的熏衣草和小豆蔻的绝佳组合串连出朴实而又强烈的对比；后味的木质粗犷中带着烟草的神秘探索，更让男人的气息深沉而充满着渴望！

善用动物皮纹来营造狂野情绪的D&G，于两年之后再度将斑马纹与豹纹的原始奔放注入香水造型之中，这就是1998年推出的花香型“出品”。斑马的自由代表着男性的狂野，因此决定了这款香水的味道是辛辣而阳刚，它由胡椒、熏衣草、檀香木混合而成；绚丽的豹纹则寓意着女性的难以捉摸，所以采用西西里小柑橘与山谷的新鲜百合，再加上麝香等馥郁气味所包覆，精简的瓶身包装，携带方便。这两款香水均透出桀骜不驯的味道和原始状态的狂野。

此后，D&G曾将设计朝向简洁、自然、单纯的概念延伸，并针对年轻人设计了另一个时尚精品D&G，并于1999年推出的“真性”香水。此款香水承接 D&G 一贯的形象，清新、干净、简洁，其纯净透明的瓶身加上简单利落的银色包装，带给年轻人一个时尚的新选择。它的“真性”男、女香水包装设计都是一样的，但在表现上却迥异：女用香水充满了麝香及花香的迷人神往，具有活泼喜悦的甜美感染力量，如水晶一般清澈；男用香水则强调柑橘及木香的清新活力表现，充满生命力的清新感，并勇于表现属于自己的风格，就像年轻人的心，朴实无华，追求简单、不复杂的事物，勇于表现自己。

2001 年，D&G 又推出绽放性感的秘密武器“浅蓝”香水，这是一款针对新好男人设计的香水，因为女性部分已经驰名世界，男性部分也要精彩才行。今日的男性除了要具有优雅的气质外，更要有内涵、有品位、睿智并且幽默，因此这款香水用感觉代替嗅觉，开始你闻到的似乎是鲜花的清香，接着是木头的香味，然后是动物的香味，最后剩下的是清新中混合有辛辣味道的香气。“浅蓝”没有男士专用香水般浓浓的男人香，散发出来的是一种偏向中性的香气，一直以来它不断受到男士们的喜爱，更受到许多艺人的青睐，像日本流行巨星木村拓哉就是这款香水的爱好者。

D&G 香水是一种以高超做工内容和风格创意而散发无比魅力的性感香水，它永远致力于搜索年轻人——当然，这种年轻不仅仅指年龄，主要指心灵上的年轻——在现实生活所感受到热忱、爱情以及社会混乱，然后将它们记录转化成为摒弃一切传统阻碍的强势香气，完美地体现现代与传统的和谐之音。

D&G 出色的双人组设计师

多米尼格·多尔斯和斯特法诺·格巴纳作为意大利的顶尖设计二人组，他们将意大利带入一个“不循规蹈矩”的流行领域，并因此而振兴了意大利的香水业。

多米尼格·多尔斯
斯特法诺·格巴纳

D&G 是一对意大利国宝级的服装设计师，这两个男人在携手共创他们的品牌之前，人生道路是全然不同的。

多米尼格·多尔斯，1958 年 8 月 13 日出生于地中海上的最大岛屿西西里岛附近的科里斯。儿时的多尔斯有一个小衣橱，是为他的小伙伴——洋娃娃们准备的。他很小便开始在其父亲的小服装厂做设计师，实际上，在

他还是个孩子时——大概八九岁的光景——他的手指就老是受伤，不是一次，而是经常这样，因为他要去检查缝纫机，还因为是他想熨一下他的小衣服，但那个熨斗可不小，是给裁缝用的那种大熨斗，结果他就经常烫到自己。那时他就知道了阿玛尼和范思哲的故事，于是萌生了去上学的念头，希望自己和那些人一样成功。

而具有威尼斯血统的斯特法诺·格巴纳，于 1962 年 11 月 14 日在米兰出生。他不是个反叛的人，但也不安分守己，他有自己的个性，坚强而且独立。斯特法诺·格巴纳年轻时的梦想不是当时装设计师，而是当电影明星，但后来他又对时装产生了莫大的兴趣。他很敏锐，对颜色、对款式、对时尚都有强烈的直觉，这一点非常难得，而且对他的设计很重要。现在的他已是一个出色的裁缝、了不起的设计师，有时又是一个油漆匠，偶尔会装饰一下自己的房间和所有相关的事。

多米尼格·多尔斯和斯特法诺·格巴纳两个人相遇在米兰的一家时装店，他们一起做了两年的助理设计师工作，后来他们决定开一家自己的设计室。1985 年，他们将两个人的名字合二为一组建了自己的公司。基于表达与传递一种奇特的、极具个人品位的新理念，这两个人走到了一起，开始了他们的友好合作，共同分享对巴洛克时期艺术和建筑风格的喜爱。通过鉴赏其设计成品，我们就可以体会出这两位合作伙伴的大部分创作灵感均来自于多尔斯这位西西里人的设计理念。

多米尼格·多尔斯和斯特法诺·格巴纳首次在时装界脱颖而出是 1985

年，当时他们在米兰时装秀上展示他们的新概念产品系列。这两位“二重唱者”为取得这次突破付出了很大的心血，其取得成功的另一重要因素当然还取决于当时观看这场时装秀的记者和观众们的认同。这一品牌是标有“意大利制造”产品的新生代的顶级代表，很快便享誉全球。首次的成功给予了多米尼格·多尔斯和斯特法诺·格巴纳极大的信心，也使他们得以在时装设计上沿着自己独特的视角继续创造属于他们自己的时装品牌。从此以后，他们的产品经营范围便渐渐扩大开来。

在时尚界，多米尼格·多尔斯和斯特法诺·格巴纳以“使影星看起来像影星”而闻名，他们的服装受到诸如伊莎贝拉·罗塞里尼、麦当娜、戴米·摩尔及妮可·基德曼等众多名人的青睐。每年的奥斯卡颁奖晚会，许多设计师都会花重金聘请明星们穿他们的衣服，替自己的品牌做广告，多米尼格·多尔斯和斯特法诺·格巴纳却向明星们宣告，衣服在那儿，你们想穿就来穿好了，但我们绝对不会花钱请你穿。确实，有了每年数亿美元的销售额垫底儿，再加上麦当娜和妮可·基德曼等大腕的极力追捧，一切都理所当然。

多米尼格·多尔斯和斯特法诺·格巴纳是时尚圈里不太多见的二人组合，大家喜欢把他们叫做时尚界的“哼哈二将”。他们这对来自意大利的经典组合获得了富于奇想的年轻一代及追求前卫一族的钟爱，从而不断地引领着时尚潮流。

三宅一生

创始人◆

三宅一生（Lssey Miyake）

创始时间◆

1992年

公司所在地◆

日本·东京

生命之水

三宅一生是超越于芬芳之外的幽香，在给予你一种融于大自然的感觉的同时，也给你一种女人特有的味道，若即若离，若有若无。

三宅一生的名字很独特，意味着一种生命的轮回，它让人想起一辈子的曲曲折折，悲欢喜乐。因为人的一辈子就是在三所房子里度过的：小时候，在父母的房子里等待长大；长大后，在自己的房子里生儿育女；终于老去后，在儿女的房子里，静静地看日出日落，怀想倏忽而过的一生。三宅一生是一种生活的情调，一辈子，三个家，一个人。

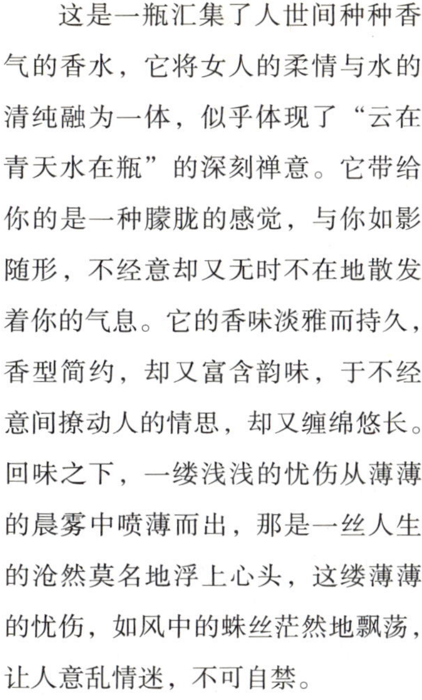

这是一瓶汇集了人世间种种香气的香水，它将女人的柔情与水的清纯融为一体，似乎体现了“云在青天水在瓶”的深刻禅意。它带给你的是一种朦胧的感觉，与你如影随形，不经意却又无时不在地散发着你的气息。它的香味淡雅而持久，香型简约，却又富含韵味，于不经意间撩动人的情思，却又缠绵悠长。回味之下，一缕浅浅的忧伤从薄薄的晨雾中喷薄而出，那是一丝人生的沧然莫名地浮上心头，这缕薄薄的忧伤，如风中的蛛丝茫然地飘荡，让人意乱情迷，不可自禁。

三宅一生以其对东西方文化的融合来诠释他对香水的追求，最重要的是他把香水提升到哲理的高度来思考，这也正是当时迷惘的欧洲人所想解决的问题。西方人在经历了高度发达的现代科技、现代工业的发展后，突然从古老的东方文明中寻找到他们梦寐以求的东西。而三宅一生的香水，恰能给予人鼓舞的力量，一种内在、深邃的反思，形成了三宅一生的独特风格——以最为简单的元素表现最为惊人的创意。

1998 年底问世的淡香水“一生之火”，它充满对比和现代感，表达出对新颖生活的趣味。此款香水是以玫瑰精油、佛手柑和栀子花融合而成的清新愉悦花果香型，前味有玫瑰精油、佛手柑；中味弥漫着栀子花花香，充满诱人的清香；后味以乳白琥珀、木质铃兰香，展现迷人的香气，显示出一种奔放、悸动的质感。

MIYAKE 弘扬民族精神的艺术

三宅一生看似无形，却疏而不散。正是这种玄奥的东方文化的抒发，赋予了作品以神奇的魅力：自信，然后自立。

三宅一生品牌虽不是第一个国际公认的日本香水品牌，但它却是根植于日本的民族观念、习俗和价值观的，且是优秀的世界品牌。它的产品流行于全世界，但却张扬着鲜明的日本民族风格。它不仅仅确立了自身的国际地位，同时也确立东京为国际时尚之都的地位。

ISSEY MIYAKE
PARIS
D'ETE
L'EAU D'ISSEY POUR L'ETE

三宅一生的作品风格独特，个性极强。综观三宅一生的作品，其最大的成功之处莫过于“创新”。它从东方文化与哲学观中探求全新的香水功能与形式之美，并设计出了前所未有的新观念香水，即简洁高雅、历久弥香、独树一帜。他的香水受人类影响颇深，集质朴、基本、现代于一体，表现了人类发展史上某种程度的轮回性质而并非简单的直线型上升，这种结构简约、造型流畅的设计和缓缓散发的淡淡香气已被许多不同年龄和气质的女性所喜爱。与其说它是一种香水，不如说是一种新的概念，其中包容了只能意会无法言传的内涵，每位女性都会因为拥有一瓶三宅一生香水而感到骄傲。

L'EAU D'ISSEY
LUNE D'ISSEY
SOLEIL D'ISSEY

极具东方文明深厚底蕴的三宅一生品牌，强烈震撼着席卷全球的可口可乐文化和牛仔文化。在三宅一生的品牌中，我们不仅看到了新的设计思想、新的材料与款式、新的科技水平，更重要的是，它体现了东方不愿唯西方马首是瞻，在融合与抗争中寻求自我的独立与完整，摆脱自卑与崇洋媚外，树立自我新形象的奋斗精神。在三宅一生的设计理念中，日本精神贯穿于其成功的全过程。创始人三宅一生经常说：“我要发掘出和服后面的潜在精神。”这就是他的全部设计理念所追求的崇高理想。

三宅一生的香水清新如春天的空气，几乎汇集了人间的一切气息，恍若一种奇幻梦境，完全属于女性的柔情。嗅香过程的体验则如沉醉于小夜曲，不经意间却又波澜兴起，似乎在急切地倾诉着什么，祈求着什么。它是要唤醒女人对自然的记忆：潮湿的土壤，滴水的树皮，雨后的花瓣，森林里的雾霭……这是女人心底的声音，这是女人对自由及生存之幸福的向往。

MIYAKE 缔造香水文化的王国

作为香水艺术的创造者，香水制造商们总是竭尽全力地创造时尚生活中人们所梦想追寻的香水，满足人们对自身品位和文化层次的追求愿望。三宅一生缔造了许多富有传奇色彩的香水，每一件三宅一生的作品都充满了浓厚的艺术气息。

20 多年来，三宅一生把东西方历史、文化概念加以结合，并引申到香水和日常生活中去，创造了举世公认的三宅一生风格。通常西方人只会在传统瓷碗、木梁屋顶、民族图案的织物和书画上体会到东方文化中美的概念，三宅一生却把其中的内涵用香水和现代服装加以表现，他好像完全沉浸在欧洲的自然风光和淳朴民情之中，为他创作的西方概念找寻素材。

三宅一生的女用纯香水其实只有一款，它就是相当成功的“一生之水”，这款于1992年创造的“一生之水”，简单、洁净的风格整合了泉水中的睡莲及东方花香，并注入春天森林里的清新，造就了一生之水的清净与空灵的禅意。

在“一生之水”的背后，还有一个美丽的故事。三宅一生成名后，一直苦思该创造一瓶什么样的香水来传达自己的设计理念，却始终找不到灵感。在一个雨天，当他停下手边的工作望向窗外时，不经意间被一颗颗停留在玻璃窗上倏然滑落的水滴所吸引，欣喜的他猛然抬头，远处的巴黎埃菲尔铁塔在雾茫茫中映入眼帘，那一刹那，一切都有了答案，“一生之水”也因此诞生。对于三宅一生而言，水其实变化万千，它可以是奔腾的瀑布，亦可以是平静的湖泊。同样是水，每个人都可以在其中寻找到属于自己的节奏。灵感来自巴黎铁塔的“一生之水”外形简洁得令人激赏，它纯净的线条、透明的瓶身，完全符合三宅一生所说的：“我想要以最少和最单纯的色彩来表现美感，但与抽象艺术无关。”

三宅一生给人最深的印象显然是东方式的：不紧不慢的步伐，全身心投入工作的态度。他对时间的把握相当精确，因为他希望自己成为时间的主人。三宅一生还是一个有教养、有幽默感、具有实用主义思维的时尚设计者，比如他希望自己设计的服饰轻便、舒适，而不是拘谨地坐在饭桌边吃正式晚餐的格调。

三宅一生以乐观主义观点取代世纪末的悲观论调，认为下一个千禧年是一个充满活力的年代，因此他选择“火”作为他创作的新元素，以此呈现出无尽的生命力。这恰恰展现出三宅一生代表的“精神”：开拓、冒险、不沉溺于安逸以及浪漫的勇气，而这也正是都市人群所匮乏的精神。

三宅一生说：“有些人认为设计仅仅是一种美丽与功能的表现，但我希望能加入感觉与情绪。你必须用幽默和诗意来丰富生命！”打开他的每一款香水，就像翻开一幅幅爱的画卷，或静谧，或狂热，或内敛，或奔放。三宅一生将爱的芳香写进每一瓶香水中！

MIYAKE 征服巴黎的日本人

如果把人生比拟为一场冒险的旅程，那么，三宅一生就是往来于其中的精灵，不但独特、充满魅力，而且企图重塑一个更为快意的人生。

起步于日本、成名于巴黎的三宅一生，于1938年出生在日本的广岛。三宅一生小时候曾患脊椎炎，母亲卖了土地为儿子治病。正当他病愈时，原子弹却骤然使他失去了大部分亲人，被严重烧伤的母亲，在四年后也不幸去世，三宅也由此而变成两腿长短不一，走路微跛的人，但童年、少年时代的不幸并没有摧毁他的乐观和进取心。

1970 年，他在东京真正开始成立自己的工作室，并于 1971 年发布了他的第一次时装展示会，发布会同时在纽约和东京举行，并获得了成功，他也从此步入了时装大师的设计生涯。

三宅一生经常说："我要发掘出和服后面的潜在精神。"这就是他的全部设计理念所追求的崇高理想。

曾是一个学艺术的学生、后来成为设计师的三宅一生，面对着两种重要的对抗：纯艺术和商业行为的对抗（是做一个成功的摄影艺术家还是做一个女装设计师）以及时尚的对抗（巴黎高级女装和美国代表的流行成衣）。他非常小心地在中间寻找平衡点，并且应该说他确实建立了自己独特的地位。三宅一生的作品风格独特，极具个性，他的设计大胆，摆脱常规，敢于向传统设计风格挑战，抛弃传统香水的包装创意，扩大自由发挥想象的空间。一直以来，三宅一生作品的流畅与自如都令人耳目一新、叹为观止，如"一生之水"这款香水以其独特的瓶身设计而闻名，三棱柱的简约造型，简单却充满力度，玻璃瓶配以磨砂银盖，顶端一粒银色的圆珠如珍珠般迸射出润泽的光环，高贵而永恒。这一设计一经推出，就使人眼睛一亮，当年即夺得女用香水最佳包装奖，除此之外，还分别在纽约、巴黎等地获得各项大奖。事实上，三宅一生是借作品之名，行艺术创作之实。

正如美国著名画家劳生·柏格所说："三宅一生是一个国际艺术家，是日本影响最大的艺术家，他支撑着整个艺术界。"

胡戈·波士

创始人◆

胡戈·波士（Hugo Boss）

创始时间◆

1993 年

公司所在地◆

德国·梅青根

成功男士的象征

有一款法国香水被称为“毒药”，其魅力令无数男士心神荡漾，无法抵挡。殊不知，男人也能有如此的杀手锏——胡戈·波士香水，同样是女人无法抵挡的诱惑。

香水历来是法国、意大利的品牌驰名国际，但向来以严谨、缜密著称的德国人，却创造了胡戈·波士。这个崛起于 20 世纪 70 年代的德国品牌，成功地诠释了男人的成功与品位。它集感性和理性于一身，始终彰显着年轻与活力的设计理念和完美的质地。胡戈·波士香水为我们提供了一种全新的香水体验，那是由自然和科技结合而成的新的香味所带来的与众不同的优雅别致。这一结合是两种极端的结合，在深厚的传统和激烈的革新之间

找到交点，在心灵的宁静和世俗的喧嚣间找到平衡。它给我们带来的是一份自信，还有那张扬的男人味。

自诞生以来，胡戈·波士香水在设计上都非常男性化，而且塑造的是那种不化妆、不戴多余的首饰、很注重社会认同感的男性形象，它让男人如一本被重新演绎的经典名著，经过岁月的洗礼，脱去了稚嫩，变得成熟起来。自信的从容足以放眼四海，成功的练达不再拘泥于繁华的外表，这是一种男人的胸怀，个中有多少睿智全凭你自己去体会。胡戈·波士还让男人像一个神奇的魔术师，冷静与冲动、理智与感性……所有矛盾对立在他身上都能化解融合，他从不畏惧袒露自己感性的一面，那是他对内心欲望的审视，对自然个性的释放。

做一个胡戈·波士式的男人并不是神话，其实在你尽情挥洒自我的时候你已经是了，就像胡戈·波士所宣扬的——做你想做的工作，过你想要的生活。当你终于意识到原来人应该活得更自我一点、更人性一点的时候，你已经变成了魅力无比的胡戈·波士男人。品位就这样彰显，没有张扬，没有唐突，有的只是从你身边经过时留下的淡雅高贵！

BOSS 塑造最 IN 的男士

胡戈·波士香水并不是为那些仅仅跟随时尚潮流的男士所设计，而是为那些想展现自己独特风格的男人而设计的。藐视一切传统，挑战自我极限，这是胡戈·波士香水所要传达的信念。

提到胡戈·波士这个品牌，人们首先想到的即是诸如品质、专业、知名、昂贵等字眼。自创建以来，在胡戈·波士的产品上都有一个大写的“BOSS”，带有此标志的服装、服饰、鞋类、箱包以及香水等旗下产品频频出现在许多成功人士及知名人士的生活中。如果说 BOSS 代表成功、练达，那么 HUGO 则直率地标榜个性及创新，单从字面来看，H 即“Highly individual”，意为内在自我的充分展现；U 即“Unique”，象征着胡戈·波士品牌在宇宙中是独一无二的存在；G 为“Globa”，表明使用胡戈·波士香水的人们属于 21 世纪地球村的公民；O 代表着“Off limit”，意味着胡戈·波士追求不受世俗限制的绝对自由。这四个字母的组合又从整体上代表了胡戈·波士品牌“极尽自我，挥洒自由”的理念。胡戈·波士香水上市以后，很快风靡全球。

胡戈·波士一直崇尚的经营哲学就是“为成功人士塑造专业形象”。“波士”即 Boss，原意是“老板”，这一用意正中欧洲无数男士的心愿。胡戈·波士策划人在商业运作上充分利用广告媒体及产品陈列显示给公众与老板含意相契的形象，使胡戈·波士的老板形象定位日益推广巩固，也使风格硬朗、简洁利落的胡戈·波士香水俨然成为白领男士的制服。

时下，粗犷的男士香水已经呈现出优雅的风采，格调高尚，品位隽逸，展示出男性领域的独有品位。而作为最著名的男士香水品牌之一，胡戈·波士不论是在设计还是在形象上都非常男性化，它最大的特点就是把绅士和前卫这两个极不相容的概念调和在了一起，香味清新自然，包装精致，充分表达出现代男性的冲击力。

胡戈·波士成功地以Boss、Hugo、Baldessarini三种品牌来凸显三种人生信念和个性气质，这是一条星光般闪亮的线索，无论是服装、皮具，还是品牌中的其他产品都以此作为分类的标准。胡戈·波士香水系列，更是秉承了这种既多元又统一的精神气质，以最易直达灵魂深处的方式将品牌的理念、个性镌刻在真正懂得生活、生命的人群之中。

胡戈·波士香水是胡戈·波士公司的核心品牌，它恰如其名，代表着成功、练达、自信、从容，以及不断追求更高的目标、体现都市风采的生活方式和放眼四海的胸襟。多年来，胡戈·波士一直是一级方程式重大赛事的赞助商，这是因为F1赛车很好地体现了Boss的风格：动感、成功、心胸博大。胡戈·波士代表了一种更年轻、更现代、更自信的生活态度——它的身上也许还拥有更为时尚的元素。与其他著名香水品牌相比，胡戈·波士更善于捕捉年轻、时尚的韵味，但不是那种过分的时尚，它直率地标榜个性及创新，打破传统的规则，极尽自我、尽情挥洒，注重内在自我的充分展现，向往不受世俗限制的自由，它崇尚优雅的奢华，代表一种雍容、自我和气定神闲的生活方式。岁月流逝，魅力却与日俱增，不需要怀旧，也不用张扬，所拥有的就是最美丽的。

BOSS 常变常新的经典品牌

胡戈·波士所诠释的男性精神，已经为全球的时尚男性所肯定。无论在哪里，只要是高级的精品百货公司，就会有胡戈·波士品牌存在。

1923年，胡戈·波士先生在德国的一个小镇开设了自己的服装厂，生产男士工装，服装厂很快就以精致专业赢得声誉。在成立之初，胡戈·波士的业务仅限于男士工装、雨衣、制服等。到了家族的第三代，即20世纪60年代初，公司开始积极拓展

法国一家香水博物馆馆长安内特·古宁先生说："女士们总是幻想着浪漫和美丽，等待着她们的白马王子。胡戈·波士香水为她们打造了真正的男人，使一切幻想变成现实。"

国际业务，并不断拓宽完善品牌种类。20 世纪 80 年代，胡戈·波士开始进军香水世界。

自踏入香水界以来，胡戈·波士公司以迅捷而不失沉稳的步伐在全球范围内拓展，1993 年，胡戈·波士男用古龙水开始研制，且于次年春夏之交成功地将胡戈波士第一款古龙水系列正式推向市场。这款香水名为 Boss NO.1，专为目标远大的男士所设计，他们追求事业，也讲究生活，讲究香水与服装的相得益彰。薄荷、蜂蜜和紫苏的巧妙融合体现出一种简单而又与生俱来的力量，没有刻意营造，却最是打动人心，这恰是其魅力所在。之后推出的 Boss 男用系列香水，搭配同一品牌的典雅男装，一直被视为经典组合。很多名人如汤姆·克鲁斯、施瓦辛格、舒马赫兄弟等均为 Boss 的爱好者。

胡戈·波士香水不仅仅只为男士设计，1997年，胡戈·波士女用香水正式投入市场。这款香水是特别为那些开放、前卫、渴望与众不同的现代女性创造，它们以简单明朗的气息传达自信、大胆、奔放的生命活力。这款香水具有神秘的复合味道，初调清新自然，中调自信轻松，基调温柔热烈。

2000年，胡戈·波士再次进军女性香水市场，推出第二款女用香水Boss Women，依旧不变的还是那种成功与睿智的气质及简单、自信的个性风格。Boss Women香水表现出一种强烈的自信，这种自信来于它顽强的生命力，以及独立、进取、思维敏捷、善于处理人际关系等种种能力，它完全摒弃传统女人的强悍作风，即使在男性精英的领域里，也以它圆润温柔的女性特质，聪明和谐地与男性共处。

胡戈·波士先生说："谁不曾有过暂时忘掉理智甘愿受激情支配的难忘时刻呢？"这一句简短的话，就把胡戈·波士香水的精髓概括出来。

颇值得一提的胡戈·波士香水是"运动"，这是真正为自己，而不是为别人所用的香水。它表现出一种勇敢的强调自我意识、与众不同的独特个性，它仿佛是夜幕下的一杯香醇的鸡尾酒，散发出迷人的雅致，更成为夜晚的焦点。它适合活力四射、自信而健康的男士，代表着一种持续一生的激情和对生活始终保持积极进取的承诺。其瓶身是光滑金属包裹的球形小瓶，所有元素都藏在球体里面，即使是喷嘴也被完全藏起。瓶子没有任何抢眼的标志，只是尖兀的边缘和传统的线条，这一设计描绘的是一种自然而跃动的生活方式，一种不加任何约束的态度。拥有Boss In Motion的男人所具有的自信和激情是充满感染力的，他身边的人亦会感受到他那毫不犹豫地勇于面对挑战的雄心壮志。Boss In Motion带着强大的、正面的冲击力，并拥有一份包含着决心、创造力和智慧的男性特质。

胡戈·波士是一个精益求精的品牌，代表成功、练达，追求更高的目标，自信而又无比从容。一丝不苟的工艺，让人不由钦佩，而永不过时的设计造就了它的经典品质。在这个个性不断张扬的时代，每个人都有权利选择最适合自己的角色，香水也是如此。香水是身体的艺术，选择什么样的香水一定与性格有关。于

是，经典元素与运动元素的交错与完美融合成胡戈·波士的一贯设计精髓，因为选择胡戈·波士香水的人，无论身份和年龄是怎样的，一定都有一颗渴望激情的心。因此胡戈·波士男人才真正懂得香水,真正懂得生活，拥有胡戈·波士香水，便拥有了一份自然流露出的沉稳的成功气质。

BOSS 严谨阳刚的德意志男人

胡戈·波士先生的沉默胜过千言万语，他的眼神，就像被施了魔法般。光明与黑暗交错，开朗而有魅力，风趣却神秘难解，胡戈·波士是名副其实的灵魂魅惑大师。

这款胡戈·波士运动香水打破了传统男性香水的单调设计，破天荒地采用球形的创新包装，惹来不少注重内涵也注重外表的人的注意，令人有即使不知味道如何，都想买回家当摆设的念头。

胡戈·波士先生一直坚守完美主义，每一款胡戈·波士香水都显得非常完美。因其设计的理念皆反映了当时的社会潮流及人们心境上的变化，胡戈·波士先生素有“生活艺术大师”的美誉。他以创立“德国风格”而著名，但他并没有就此止步不前，而是继续不断努力，使他的风格更现代化、更臻完美。胡戈·波士先生说：“如果每一个女人的情感都从她内心深处迸发而出，那么她便会与她最爱的人和最深的情感再次相结合。我想要表达的正是这样一个热情女人的知性和敏感。”这是胡戈·波士先生对自己香水风格的解释。

胡戈·波士先生说：“谁不曾有过暂时忘掉理智甘愿受激情支配的难忘时刻呢？我想要捕捉那些片刻的神秘，它们洋溢着罗曼蒂克的热情，强烈地吸引人们进入同样美妙的境界。”这句简短的话，就可以说明胡戈·波士香水。“一个设计师成功的一半来自于他的个人魅力。”一位业内人士说。多年来，胡戈·波士先生以他简约的个人着装风格备受推崇——常以黑西服、白衬衫示人，而从个性角度而言，胡戈·波士先生更是一个拥有古典气质的人，他性格冷静，很少把太多个性带到设计中去，难怪他点到即止的设计总有种直指人心的魅力。

胡戈·波士先生对于时尚的嗅觉相当敏锐，他犹如一位客串的演艺明星，时常在广阔的舞台上扮演着自己的角色。胡戈·波士先生喜欢干净完美的形象，此种风格不仅只表现在服装中，也表现在香水中。胡戈·波士香水具有酷味十足的诱惑，再加上简单的包装线条，显得任性却不出位、感性却不张扬，从而渲染出各种情调：浪漫、忧郁、愉悦和怀旧。它让人挣脱现实的桎梏，释放灵魂深处的自我，呼吸从未体验过的神秘馨香。于是，生命深处的丰沛能量缓缓释放，回旋在世纪末不确定的空间里，时间在此刻静止，众人的目光也同时聚焦。胡戈·波士香水显现出强烈的自我认同，宣示了宇宙中唯一的生命存在，这早已超越了浅层的感官享受，传达出深度的内在思维。它像一杯淳厚的葡萄酒，滴滴香醇。远远飘来，有一种说不出的魔力，让人甘心被诱惑！在美国《商业周刊》评出的“全球最有价值的品牌”排行榜上，胡戈·波士列第52位，更位于奢侈品品牌的前列。

从1993年持续至今，胡戈·波士一直是全世界极具影响力的重量级时尚品牌，并且开始逐渐网罗流行界的优质品牌成为胡戈·波士集团的一分子，使胡戈·波士集团俨然成为一个超级时尚王国。可以预见的是，在胡戈·波士先生的带领下，胡戈·波士品牌的魅力已经跨过了新世纪的转换，其未来变化更是令人期待。

一切似乎来得太快太完美，当我们反应过来的时候，胡戈·波士先生成为美国设计界的领头人已长达几十年，他不仅是一位精通时尚的大师，同时也是洞察社会思潮的观察家，他的设计理念彻底影响了整个时尚界的形象和品位。

苏香水以独特的艺术性表达了少女的内心世界。它是为少女构建的紫色梦幻世界，那浓郁的深紫色代表着强烈的欲望，其包装更是以紫色为主色，周围布满了红艳的蔷薇，很像 20 世纪 70 年代妩媚的脂粉盒，复古俏丽得让无数红尘中的女子爱不释手。这个神秘的紫色香水，是那么典雅而大方，它的紫色瓶身犹如婀娜多姿的美女，在香水界声名远播，值得一生拥有和珍藏。沉浸在浪漫的紫色浪漫中，女人找到了自我，更找到了神秘的力量。此外，安娜·苏品牌有个公认的特点———妖艳、怪诞和颓废，这使许多知名的模特和音乐家也迷醉于它的风格之中，成了安娜·苏品牌的忠实顾客。

安娜·苏的紫色迷情早已在西方的时尚界独步天下，不过，在保持原来风格的基础上，安娜·苏的设计风格更加多元化，在她的作品里还有西方的天真与东方的可爱。所谓西方的天真，是与生俱来的一缕阳光，是性格中永不消失的晴朗，是生命中快乐的保障。而东方的可爱，是无法伪装的自然。作为一个由西方的天真与东方的可爱共同缔造的品牌，安娜·苏内敛、恬静、平衡，永远温柔着、美丽着，比如表达女性魅力的粉红色安娜·苏“洋娃娃”香水，就像一个无忧无虑而又优雅的洋娃娃，绝对是独一无二的。

安娜·苏，在西方的时尚舞台上，她的面孔是一道东方的风景，她的作品里藏着一个永远穿着花裙子的天真女孩。没有她，时尚舞台便

不够博大、不够丰富、不够公平，因为西方的天真，往往是经由她来尽情表达的。安娜·苏是时尚界永不消失的晴朗，是生命中快乐的保障，她精力充沛地作着各种各样的尝试，我们将看到一个永远长不大的女人时刻享受着一个不醒的生命之梦……

ANNASUI 时尚之门为你打开

安娜·苏是一个带着翅膀的小仙女，它把梦想带给人间。有安娜·苏香水相伴的每一天，自信的女孩都会梦想成真。

安娜·苏从涉足服装界开始，出道短短几年便立于时尚界的不败之地，之后她凭借着绝佳的流行感与色彩触觉，创造出极富冒险气息、与众不同的香水品牌——安娜·苏，这让那些向往原创流行的女孩们在充满惊奇的心情中，找出专属于自我风格的香水。

1999 年，安娜·苏迈进了好莱坞的大门，开了自己的服装店。同年，安娜·苏发布了她的香水和化妆品系列。她推出的第一款香水是以品牌命名的“安娜·苏”女士香水。这款香水的瓶身设计摆脱了传统的模式，独创了别具时尚气息的瓶身，像一面镜子般透露着神秘的古色古香，又像是一个窗口充满着对窗外世界的幻想。只要坚持，女性柔美的创造力量，将为你完成最不可能的梦想。安娜·苏继 1999 年 9 月推出第一瓶香水后，在 2001 年再度推出第二款女性香水“甜蜜梦境”。因为手提袋是女人性感的配件，最能反映女人潜藏的个性，所以安娜·苏再度发挥她将梦想成真的力量，将香水瓶活生生地变成一个珍贵的手提袋配件，从而铸就了这款梦幻香水的最引人注目之处。

2001 年，安娜·苏的多款香水被时尚界评为最受欢迎的香水。2002 年，安娜·苏推出全新的“蝶恋”香水，其瓶身别具一格，淡淡甜甜的橙橘色，渐渐向上反射动人的粉桃红色，犹如一只婀娜多姿的红蝴蝶在花间嬉戏。它包含橘子花、茂盛的佛手柑和热情水果的灵感混合，加上香草和麝香，合成了超俗的香味，为爱情注入了一种和谐的甜蜜。“蝶恋”香水是一只令人瞩目的玻璃蝴蝶，它带着爱的故事，从古飞到今。它代表着爱的承诺，它就是爱、欢愉和幸福的告白。

2003 年夏天，安娜·苏推出了第四款香水——“洋娃娃”香水，复古的娃娃头瓶身引来无数艳羡的目光。拥有中国血统但成长并成功于西方的安娜·苏格外重视这款香水的推出，她说："洋娃娃是我一直想要创造的香水！"安娜·苏从小就喜欢为心爱的洋娃娃和哥哥的玩具兵着装打扮，如今她不断地收集具有童真无邪脸孔的古董"娃娃头"并把它们展示在世界各地的安娜·苏精品店与专柜里，从此，娃娃头就成为安娜·苏特有的形象。安娜·苏幸福地说："洋娃娃真正反映出我的精神与敏锐的感觉，充满了无穷的乐趣与魅力，而且它如此可爱！"

魔幻的热潮从《魔戒》、《哈利·波特》等奇妙的故事蔓延开来，充满魔法能量的安娜·苏在2005年也使用了魔法、精灵与愿望的神奇魔力，为我们创造了散发着甜美香味的"许愿精灵"香水。此款香水是献给每个对梦幻力量深信不疑的女孩的，其湖水绿的瓶身营造出奇幻森林的氛围，三个面的巧妙切割，顶着可爱的水晶球，瓶盖顶端端坐着娇美的精灵，这些童话般的元素再度点燃女孩心中的梦想。当转开水晶瓶盖的时候，它便充满神奇魔力般地散发出令人着迷的花果香：新鲜沁凉的柠檬，夏季成熟的哈密瓜以及如丝缎般柔软的金盏花散发出诱人的花香，接着传出一股令人陶醉，又似乎在与人调情般的菠萝香，而融合着黑醋栗的果香，更使得整个香气带有一丝神秘感。香味在后段以温暖的白雪松以及诱发欲望的琥珀，加强热情和魔力诱惑的特质；最后以轻抚似的、犹如掉落的星辰的白麝香作为结尾，令人回味。"许愿精灵"香水那半透明的香水宛如精灵的翅膀，迷幻的香气宛如身在月光照耀的森林中，它让女孩拥有香水的同时，许下最美丽的愿望，一边期待愿望实现，一边享受着精灵们带来的芬芳气息与幸福感！

ANNASUI
不同凡响的安娜·苏

只要看到安娜·苏的人就深深地被她的魔力所吸引，因此时尚界都叫她"纽约的魔法师"。的确，她拥有迷惑的魔力，不管是服装、配件或是迷人的香水。

和许多大师级的人物一样，安娜·苏在童年时期就显露出了非凡的设计天分，她最喜欢做的事情之一就是为自己的玩具娃娃和邻居孩子的玩具娃娃设计服装，为它们打扮。她的设计天分可能来自于母亲的艺术基因的遗传，因为她的母亲曾在巴黎读过艺术专业。在最初的阶段，安娜·苏有一本剪贴簿，里面贴着自己的“大作”，她还称之为“天才档案”。

1991年，安娜·苏发布了她的第一场服装展示会，展示了她个人“从头到脚”设计的服装，同时她还在《纽约时报》上将自己的风格描述为“现代摇滚和上流社会的混合物”。1992年，安娜·苏开设了自己的工作室，仅仅两年以后，她就获得了纽约设计师协会颁发的佩里艾力斯奖。她的香水系列有数量相当惊人的拥护者。设计师要成功，必须有自己的个性，这个定律早已被无数次地证明，安娜·苏常常逆流而上，她的设计中洋溢着浓浓的复古气息和绚丽奢华的独特气质，安娜·苏说：“我没有发现有一种香水能充分表达出我的敏感，因此我决定开发出一种属于我自己的香水。我想要的香水能把我作品的精髓带到一个崭新的形式中——符合我的时尚感觉和生活方式的形式。”她从自己的世界里获取创作的灵感，比如音乐、电影、电视……当然，还有生活中的所有细节。在安娜·苏的想象世界中，是时尚、摇滚、电影和艺术的全面冲击与融合，因此才形成了她独特的巫女般迷幻魔力的风格，也铸就了安娜·苏香水时尚、复古的独特之处，给人以神秘和魔幻的感觉。

安娜·苏香水也许会显得叛逆，显得另类，显得无所谓，显得超脱和梦幻，可是，我们却看到了安娜·苏那无法被俗世污染的童真的设计语言，看到了她精力充沛地作着各种各样的尝试，从而得到的就是天真的灵魂寄居在成熟的躯体里的完美结合，这植根于她标志性的独创性、创造力，当然还有她的心。

不论何时何地，安娜·苏总会在大家的期待下，不断创造出惊奇与乐趣，是她把一段奇异的神话通过梦中信仰的魔力得以实现，是她将我们的幻想转换成无数现实。现在的安娜·苏正以她的魔法不断地创制着神奇的香水，我们也将在这个魔法学园里找到属于自己的许愿精灵。

图书在版编目（CIP）数据

香水的历史/雷凤颖编著.—哈尔滨：哈尔滨出版社，2006.11
ISBN 7-80699-837-3

Ⅰ.香… Ⅱ.雷… Ⅲ.香水—普及读物
Ⅳ.TQ658.1-49

中国版本图书馆CIP数据核字（2006）第121840号

总 策 划：李 鹏
责任编辑：邢万军 杨 磊
封面设计：远流图文工作室 赵兴华
版式设计：远流图文工作室 王晓庆

香水的历史
雷凤颖 编著

哈尔滨出版社出版发行
哈尔滨市香坊区泰山路82-9号
邮政编码：150090 电话：0451-87900272
E-mail：hrbcbs@yeah.net
网址：www.hrbcbs.com
全国新华书店经销
沈阳美程在线印刷有限公司印刷

开本 728×1026 1/16 印张 12.5 字数 250 千字
2007年1月第1版 2011年3月第7次印刷
ISBN 7-80699-837-3/TQ·1
定价:38.00元